THREAD

만드는 사람

CEO 이연대
특징
메타세쿼이아 나무지만
출근 시엔 씨앗으로 몸을 숨김

Director 신아람
특징
위급할 때 직각표기에서 빛이 남

Senior Editor 이현구
특징
집과 헬스장과 회사를 잇는
땅굴 보유 중

Editor 이다혜
특징
어매! 라고 외치면
반경 1km까지 들림

Editor 김혜림
특징
고민할 때 수염을 쓰다듬지만
수염이 없음

Editor 정원진
특징
수년 전 귀로 날 수 있는 방법을
터득했지만 비밀을 숨기고 있다

Lead Designer 김지연
특징
백화점 화장실을 좋아함
_표지 디자인 및 만화

Designer 권순문
특징
술을 마시면 끝까지 가는 타입
(주량:와인 한잔)_내지 디자인

Operating Mgr 조영난
특징
늘 먹고 있지만 늘 배고파함

Community Mgr 홍성주
특징
가시로 오해 받지만 사실은 털

Intern 이주연
특징
절벽 위보다 빌딩 옥상을 좋아한다

《스레드》는 북저널리즘 팀이
만드는 종이 뉴스 잡지입니다.
이달에 꼭 알아야 할 비즈니스,
라이프스타일, 글로벌 이슈의
맥락을 해설합니다.

스레드에 수록된 글과 그림을
이용하려면 반드시 저작권자와
㈜스리체어스의 동의를 받아야
합니다.

THREAD ISSUE 6. SWITCH

발행일 2022년 11월 1일
등록번호 서울중, 라00778
발행처 ㈜스리체어스
주소 서울시 중구 한강대로 416 13층
홈페이지 www.bookjournalism.com
전화 02 396 6266
이메일 thread@bookjournalism.com

THREAD

목차

 겨울의 초입 냄새가 나기 시작하는 11월입니다. 《스레드》를 찾아주신 여러분 환영합니다. 이번 호에는 어떤 이야기들이 우리를 기다리고 있을까요?

 ↳ 이번 호의 일러스트는 기상천외합니다! 집에 들어가서 불을 켰더니 글쎄, 안과 밖이 바뀌었지 뭐예요? 스위치는 놀랍네요!

좋은 뉴스는 알아서 우리에게 찾아오지 않아요. 수많은 뉴스가 우리 앞에 쏟아지고 있지만, 정작 우리를 질문하게 하는 좋은 뉴스는 애써 찾아내야 하죠. 그런데 굳이 그렇게 애써야 할 이유가 있을까요? 네, 있어요. 지금이 바로 시대가 전환되는 순간이기 때문입니다. 급격한 변화와 함께 우리가 믿고 있던 상식들이 바닥부터 흔들리고 있는 거예요. 무엇이 옳고 무엇이 그른지, 혼란스러웠던 경험 없으세요? 철학자 낸시 프레이저는 지금을 "비정상적 정의의 시대"라고 정의했어요. 그래서 우리에게는 좋은 뉴스와 새로운 문법이 필요합니다. 이 전환의 순간에 올바른 판단을 하기 위해서 말이죠.

 ↳ 모든 시대는 변화를 맞았지만 지금의 변화는 상식을 뒤집는 변화예요.

 ↳ 능동적으로 생각해야만 변화의 파도에 무사히 올라탈 수 있겠죠!

'포캐스트' 챕터에선 쇼트폼 일곱 편을 만날 수 있어요. 바쁜 독자들을 위해 이달에 꼭 알아야 할 이슈만 선별했어요. 단순한 사실 전달을 넘어 새로운 관점과 해석을 제시합니다. 쇼트폼엔 어떤 주제가 실렸을까요? 순서대로 소개해 드릴게요.

슈독, 리셀을 물어뜯다 _ 24p

드로우 한 번 당첨되면 소원이 없겠다고요? 혹시 리셀가도 정해놓으셨나요? 비운의 소식이 있습니다. 7000억 원 규모로 성장한 리셀 시장에 나이키코리아가 비수를 꽂았는데요, 바로 리셀을 막겠다는 겁니다. 지난 9월 2일, "재판매를 위한 구매 불가" 조항이 나이키 멤버십 약관에 추가됐는데요, 뭔가 이상합니다. 리셀은 나이키의 브랜드 가치를 높여주고 나이키도 이를 묵인해왔던 것 아니었나요? 나이키의 리셀 금지 정책, 어떤 연유인지 알아봅니다.

↳ 흠, 실질적으로 가능한 조치일까요?

↳ 신발을 사고 싶어 하는 소비자분 아니라 리셀 플랫폼, 중고 시장까지 큰 영향을 받을 것 같아요. 당장 한국의 플랫폼들만 봐도 그렇죠.

퇴직과 번아웃 사이 _ 34p

틱톡에서 소소하게 인기를 끌었던 태그가 있어요. 바로 #Quiet_Quitting, 조용한 퇴직입니다. 퇴직 기념 파티를 하지 않는다는 뜻이 아니에요. 회사에 남은 상태로, 소극적으로 일하는 것을 뜻해요. 동료와 함께 밥을 먹지도, 대화하지도 않죠. 그런데 사무실의 다른 쪽에서는 자기 자신을 일을 위해 불태우고 있어요. 이제는 시대정신이 되어버린 것 같은 '번아웃'입니다. 그래서일까요? 정치계에서는 근로 시간 외 업무 카톡과 지시를 금지하는 개정 법률안이 발의되기도 했답니다. 그런데 이 문제. 단순히 업무 카톡 금지로 막을 수 있는 일일까요? 근본적인 해결책은 무엇일까요?

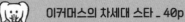 ↳ MZ세대가 일을 통해 얻고자 하는 것은 무엇일까요? 아니, 여러분은 일을 하는 이유가 무엇인가요?!

↳ 직업은 경제 활동 수단이지만, 사실 일은 더 많은 것을 주기도 해요. 그 가치를 찾아내는 게 중요하겠죠?

이커머스의 차세대 스타 _ 40p

사과나무 한 그루를 키우면, 사과 한 박스가 집으로 배달되는 게임이 있다고요? 저도 당장 하고 싶은데요. 중국에서 농산물과 게이미피케이션을 기반으로 성장한 이커머스 기업이 있다고 합니다. 핀둬둬는 어떻게 알리바바와 아마존을 위협하는 라이징 스타가 됐을까요?

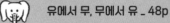 ↳ 핀둬둬, 이름이 너무 귀여워요!

↳ 이름은 귀엽지만, 성장세는 무서운 기업이에요. 핀둬둬, 그 성장 비결이 궁금해요!

유에서 무, 무에서 유 _ 48p

투자 불황기에도 주목 받는 곳에 미래가 있죠. 불가사리는 제설제가

되고, 폐타이어는 카본 블랙이 되는 매직! 바로 친환경 신소재 스타트업에 투자가 몰리고 있다고 합니다. 넘쳐 나는 폐기물을 기회로 만든 친환경 신소재 스타트업, 함께 알아볼까요?

 ↳ 오! 돈의 방향과 흐름은 지금 세상의 관심사를 보여주기도 하잖아요. 그게 친환경이면, 너무 좋은 움직임인 것 같은데요?

↳ 이제는 투자도 친환경 흐름에 올라탄 거죠. 신기한 시도들이 많아서 놀랐어요!

법정에 돌고래를 허하라 _ 54p

법정에 돌고래가 등장한다는 상상, 혹시 해보신 적 있으세요? 아니, 대체 돌고래가 인간과 법으로 다툴 일이 뭐가 있을까 싶기도 하시죠? 그러나 생각보다 인간은 잔인한 동물입니다. 아무렇지도 않게 돌고래를 불법으로 납치하고, 사람들 앞에서 쇼를 펼치도록 혹독한 훈련을 시키죠. 이런 부조리를 막기 위한 방법으로 제주에서 돌고래에 법적 지위를 인정하자는 논의가 이루어지고 있습니다. 우리는 과연 비인간을 동등한 지구생활자로 바라볼 수 있을까요?

↳ 신기한 발상처럼 보이지만, 돌고래에 인격을 부여해야만 그들을 보호할 수 있다니…. 한편으로는 마음이 아파요.

↳ 같은 고래로서, 모든 생명체를 동반자로 보려는 이 시도를 응원하고 싶어요.

월계수 잎이 된 소셜 미디어 _ 62p

인간과 국가, 광장과 소통의 역사에서 빼놓을 수 없는 것이 바로 표현의 자유죠. 독재자가 신문을 검열하는 세상에서는 펜을 드는 것 자체가 하나의 거대한 운동이 될 수 있으니까요. 그런데 생각해보면 지금의 소통은 대부분 소셜 미디어에서 이뤄지잖아요. 사람들이 소셜 미디어에 모이고, 그 속에서 소통하며 자신의 상황을 알리죠. 그래서 지금의 소셜 미디어는 심심풀이 그 이상이에요. 소통에서 가장 중요한 위치를 점하는 이 소셜 미디어, 그런데 이들의 콘텐츠 규제를 위한 규정은 너무 게을러 보여요. 나체 이미지가 금지된다는 한 줄의 명제는 얼마나 많은 이들의 입을 막았고, 얼마나 많은 이들을 괴롭혔을까요? 게으른 규제는 누군가에게는 칼이 될 수 있어요.

⌐ ↳ 텀블러에서는 '커뮤니티 레이블'이라는 새로운 정책을 시도해본다고 해요.

↳ 최근에는 인공지능과 알고리즘이 콘텐츠들을 걸러내고 있죠. 하지만 인공지능은 푸들과 컵케이크도 가끔 헷갈려 하잖아요!

우파의 뉴 노멀 _ 70p

이제는 세계 정치 무대에서 여성 리더들을 많이 만나볼 수 있죠? 선거가 많았던 올해 유럽에서는 여성 정치 지도자들이 많이 등장했습니다. 지난 프랑스 대선 결선 후보도, 취임 한 달 만에 사임한 영국의 새 총리도, 이탈리아의 다음 총리 예정자도 여성인데요, 국제 사회가 이들을 주목하는 이유는 따로 있습니다. 바로 이들이 정통 보수, 혹은 극우 성향을 보이기 때문이죠. 좀처럼 볼 수 없던 극우 여성 리더들에 대해 알아봅니다.

↳ 유럽의 우경화가 여성의 모습을 하고 돌아온다니! 둘 사이에는 무슨 관련이 있을까요?

이어지는 '톡스' 코너에서는 사물을 다르게 보고, 다르게 생각하고, 세상에 없던 것을 만들어 내는 사람들의 이야기를 담아요. 《스레드》 6호에서는 뤼튼테크놀로지스 이세영 대표·제성원 이사를 만나봤어요.

 기계 창작 시대의 작문법 _ 81p
일상 속 모든 영역에 AI가 침투하는 오늘날, 드디어 AI와 함께 글도 쓸 수 있게 됐습니다. 뤼튼테크놀로지스의 인공지능은 내게 질문을 던지고, 질문에 따라 답변을 하다 보면 한 편의 글이 완성됩니다. 하지만 사람보다 인공지능의 표현이 신선하고 지식이 풍부하다면, 우리의 글은 어떤 기능을 갖게 될까요? 기자나 작가와 같이 텍스트를 다루는 직업은 이제 사라지는 것일까요?

 ↳ 실제 작동하는 모습을 봤는데, 너무나도 신기했어요!

 ↳ 몇 가지 단어를 넣으니 인공지능이 그림을 그리듯 광고·카피를 만들었어요. 이러다가 작가와 에디터, 밥줄이 끊기는 것은 아닌지 궁금하셨던 분들은 주목해주세요.

 단편 소설 분량의 지식 콘텐츠 '롱리드' 코너도 있어요. 깊이 있는 정보 습득이 가능하고, 내러티브가 풍성해 읽는 재미가 있어요.

 친애하는 나의 커피여 _ 95p
현대인의 삶에서 떼려야 뗄 수 없는 것, 커피! 여러분은 커피를 하루에 몇 잔씩 마시고 있나요? 커피가 없는 삶을 상상할 수 있나요? 누군가는 커피나 홍차의 맛과 향이 좋아서, 누군가는 졸음 때문에 몽롱한 정신을 깨우기 위해서 카페인을 섭취합니다. 그러나 우리 몸에서 카페인이 작동하는 방식은 꽤나 음흉합니다. 카페인으로 인한 부작용을 카페인이 막아주고 있는 셈이죠. 카페인의 비밀, 마이클 폴란의 글을 통해 알아볼까요?

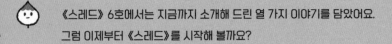

밤에는 잠이 안 오는데, 낮에는 졸려서 커피를 먹을 수밖에 없잖아요. 이것이 카페인의 딜레마일까요?

오늘만 해도 세 잔… 마셔버렸어요. 언제부터 우리는 커피를 마실 수밖에 없는 상황에 몰렸을까요?

《스레드》 6호에서는 지금까지 소개해 드린 열 가지 이야기를 담았어요. 그럼 이제부터 《스레드》를 시작해 볼까요?

이달의 이야기

포캐스트

톡스

롱리드

DAWN REDWOOD
PARK

이달의 이야기에선 한 가지 주제를 깊이 다뤄요.
단순한 사실 전달을 넘어 새로운 관점과 해석을 제시해요.
함께 읽고 생각을 나눠요.

희미한 존재감.

전환의 순간

어제의 사실이 오늘은 거짓이 되고, 지금의 정의가 미래의 불의가 됩니다. 이 불확실성은 시대의 전환을 상징하죠. 그렇습니다. 지금은 기준과 가치가 급변하는 전환의 순간입니다. 자연은 개발과 이용의 대상이라는 상식, 표현의 자유는 신성불가침이라는 상식, 혐오는 비난의 대상이라는 상식. 이 모든 상식이 뒤집히고 있죠. 《스레드》는 이번 달, 전환의 순간에 꼭 필요한 질문들을 던집니다.

＿ 신아람 에디터

"회사가 법적으로 사람대접을 받을 수 있는데 돌고래라고 그러지 말란 법은 없죠."

아무리 그래도 돌고래에게 법정에서 사람대접을 해 주자는 얘기는 좀 비상식적으로 들렸습니다. 선뜻 이해가 잘 가지 않았죠. 그런데 이 비상식적인 이야기를 현실로 만들고자 하는 시도가 제주도에서 실제로 일어나고 있습니다.

동물을 존중하고 함께 살아가야 한다는 명제에 동의하기 어려운 분들은 아마 별로 없으리라 생각합니다. 그러나 동물에게 법적인 권리를 부여한다는 개념, 즉 '생태법인'은 완전히 다른 차원의 이야기로 들리죠. 그 상상력을, 도저히 따라잡기 힘들다는 버거운 기분에 휩싸이는 분도 계실지 모릅니다. 바로 저처럼 말입니다. 애당초 동물이 인간의 체계인 '법'이라는 테두리 안에 들어오고 싶어 하는지를 먼저 물어야 하는 것 아닐까 하는, 좀 비판적인 의문도 생겨날 법합니다.

그런데 이야기를 차분히 듣다 보니, 이런 생각이 들었습니다. 이 새로운 개념은 어쩌면 인류를 위한 것이 아닐까 하는 생각 말입니다. 인간이란 살던 대로 살고 싶어 하는 존재입니다. 믿던 대로 계속 믿고 싶어 하는 존재이기도 하죠. 그런데 역사 속에 그럴 수 없는 순간들이 있습니다. 시대가 전환되는 순간들입니다. 올여름, 전 세계는 가뭄이나 홍수와 같은 자연재해를 호되게 겪었습니다. 이미 기후 위기는 전망이 아니라 현실이 되었다는 얘깁니다. 인간이 자연을 '정복'한다는 영웅적인 이야기는 더 이상 유효하지 않습니다. 포캐스트 〈법정에 돌고래를 허하라〉에서 민변 동물권소위원회의 김도희 위원장이 이야기했던 것처럼, "인간은 수많은 지구생활자 중 일부일 뿐"이라는 당연한 사실을 받아들여야 하는 전환의 시점입니다. 시대가 달라졌음을, 어제까지 옳았던 행동이 오늘부터는 옳지 않을 수 있음을 인식하기 위해서는 새로운 문법이 필요할지도 모릅니다. 그리고

'생태법인'이야말로 달라진 시대를 인식하기 위해 필요한 새로운
문법이 될 수도 있겠지요.

> 올여름 태풍과 홍수로 우리나라도 엄청난 피해를 입었잖아

세탁기의 시대

흔히 시대를 바꾸는 것은 위대한 정치 지도자라고 생각하기 쉽습니다.
하지만 인류 역사의 전환기에는 언제나 기술이 있었죠. 철로 만든
농기구가 그러했고, 증기 기관이 그러했습니다. 20세기에는 산업의
측면이 아니라 생활의 측면에서 중대한 전환기가 찾아옵니다.
바로 가전제품의 등장입니다. 세탁기, 청소기, 냉장고, 전기밥솥,
진공청소기. 아침에 일어나 잠들 때까지 우리의 삶을 멀끔하고
배부르게 만들어주는 이 기계들은, 의식주와 관련된 가사노동의 기술을
물리적으로 구현해 낸 것들입니다. 20세기의 생활양식은, 이 기계들의
등장과 함께 완전히 달라졌습니다.

산업혁명은 18세기의 사건이었지만, 그 여파가 우리 삶 속으로
스며든 것은 19세기부터입니다. 전통적인 농경사회에서는 가족이 함께
일했습니다. 심지어는 마을 단위로 함께 일하기도 했죠. 남자든 여자든
집 근처 들판으로 나가 먹을 것을 생산해 내는 생활이었던 것입니다.
그런데 들판이 아니라 공장으로 출근하는 생활이 유럽을 시작으로
19세기에 본격화합니다. 출근의 주체가 늘 남성은 아니었지만,
집안일의 주체는 여성으로 역할 분리가 날카로워졌습니다. 일터와
가정이 완벽히 분리되면서 일어난 현상입니다. 이러한 남녀 간의 '영역
분리주의'는 19세기 후반이 되면 미국 사회에 확고히 자리를 잡게
됩니다. 그리고 산업화는 공장의 효율을 높이는 데에는 부지런했지만,
가정의 고단함을 덜어주는 방향으로의 발전은 더뎠습니다. 그 과정에서

가사노동은 가정주부의 '사랑'으로 둔갑합니다.

1920년대 미국 가전제품 광고 ⓒ사진: Ladie's Home Journal

그러던 중 가전제품의 시대가 도래합니다. 1911년,
GE(제너럴일렉트릭)의 광고 카피는 가히 선언적이었습니다. "전기를
당신의 하인으로 만들라." 세탁기와 청소기, 식기 세척기 등이
등장했습니다. '전기 하인(electric servant)'이라고 불렸던 이 기계들은
우리의 삶을 송두리째 바꿨습니다. 아, 가정주부의 가사노동 시간이
줄어든 것은 아닙니다. 이 기계들은 그저, 청결에 관한 인식을 바꿨을
뿐입니다. 흙 묻은 아이 옷이나 구겨진 와이셔츠, 양탄자 구석의
먼지 한 줌이 중산층 주부의 수치로 여겨지는 시대가 온 것이죠. 이
강박적인 분위기가 주부들을 더 일하게 했습니다. 일주일에 한 번
정도 하던 세탁을 거의 매일 하게 되었습니다. 집 안 청소도 매일 해야
했습니다. 가전제품은 삶의 질에 대한 기대 수준을 끝도 없이 높였던
것입니다.

정작 여성의 가사노동 시간을 줄여준 것은 68운동과 그 이후의

사회운동이었습니다. 여성의 역할과 권리에 관한 질문이 등장하면서
남성의 가사노동 시간이 증가하게 된 것입니다. 기술은 기준을
바꿨지만, 가정주부의 신화를 깨뜨린 것은 질문이었습니다. 달라진
사회 속에서, 지금까지와 같은 생활 방식이 여전히 옳은 것인지를 묻는
질문 말입니다.

68혁명 당시 포스터 ©사진: FRANCE 24 English 유튜브

결정적 순간

하룻밤 사이 새로운 기술이 수없이 쏟아지는 지금도, 여전히 질문이
필요합니다. 김혜림 에디터의 〈월계수 잎이 된 소셜 미디어〉는 이미
도래한 "소셜 미디어의 시대"에 우리가 콘텐츠 규제에 관해 진지한
질문을 던져야 하는 이유를 이야기합니다. 기술은 시공간을 초월해
누구와도 생각과 이미지를 공유할 수 있는 변화를 이끌어냈습니다.
이 변화가 일상이 된 지금, 우리는 무엇을 어디까지 공유할 수 있을
것인지, 그 기준은 과연 누가 어떻게 결정할 것인지에 관해 해묵은
질문을 던집니다. 이 질문은 아주 오래된, 낡은 질문처럼 보이지만
여전히 중요합니다. "표현의 자유는 모든 표현의 선함을 보장하는
개념이 아닌, 권력에 대항할 수 있는 민주적 기본권"이기 때문입니다.

그런데 어쩌면 좀 늦었을지도 모르겠습니다. 우리가 좋아요 숫자에 울고 웃으며 해야 할 질문을 미루는 동안, 규제의 권리가 구글이나 메타와 같은 IT 공룡들 손에 넘어갔습니다. 기준은 아주 모호하고 단순하게 만들어졌고, 악의 없는 표현을 막아서는 한편, 혐오 섞인 일갈은 허용하고 있죠. 혐오는 선동이 되어 약한 고리를 파고듭니다. 그 결과가 바로 극우 포퓰리즘의 득세입니다. 이현구 에디터가 〈우파의 뉴 노멀〉에서 짚은 유럽의 정치 상황이 심상치 않습니다. 특히, 최근 이탈리아의 총리로 선출된 조르자 멜로니는 반 이민 정책의 신봉자입니다. 성 소수자 인권 문제는 죄악시하죠. 그의 인기에 한몫을 했던 것이 바로 인터넷 밈(meme)입니다. 동성 육아를 반대하는 집회에서 했던 연설이 워낙 리드미컬 했던 탓에 마치 EDM 뮤직비디오처럼 리믹스 되어 유포되었던 것인데, 결과적으로는 동영상이 1000만 건 넘는 조회수를 기록하며 멜로니가 대중 정치인으로 발돋움하는 발판이 되었습니다.

멜로니 총리를 지지했던 이탈리아의 유권자들이 극단적인 우파 포퓰리즘에 모두 동의했던 것은 아닐 겁니다. 다만, 지금 유럽이 새로운 정치인을 필요로 하는 것만은 분명합니다. 경제적 여건이 급격하게 변화하고 있기 때문입니다. 저금리의 시대에서 고금리의 시대로, 이지 머니(easy money)의 시대에서 양적 긴축의 시대로의 전환이 이루어지고 있습니다. 에너지의 가치가 올라가고 연금이나 의료보험과 같은 복지 제도는 힘을 잃고 있죠. 시대적 전환기에 가장 큰 대가를 치르는 것은 가장 약한 계층입니다. 변화를 감당할 기초 체력이 부족하거나 없기 때문입니다. 따라서 지금과 같은 경제적 격변기에는 경제적으로 취약한 계층이 먼저 무너지게 되죠. 멜로니를 선택한 유권자들은 기성 정치권을 두고 이렇게 말합니다. "그들은 더 이상 서민과 노동자에 관심을 기울이지 않는다."

낸시 프레이저 ⓒ사진: The Rosa Luxemburg Stiftung 공식 유튜브

전쟁의 참상은 걸러내고, 혐오 발언은 걸러내지 못하는
규제라면 뭔가 의문을 제기해야 하지 않겠어?

비정상적 정의의 시대

자연은 개발과 이용의 대상이라는 상식, 표현의 자유는
신성불가침이라는 상식, 혐오는 비난의 대상이라는 상식. 이
모든 상식이 뒤집히고 있습니다. 시대의 전환(transition)이
상식의 전복(overturn)이라는 형태로 나타나고 있는 것입니다.
《표준국어대사전》은 상식이라는 단어의 뜻을 "사람들이 보통 알고
있거나 알아야 하는 지식"이라고 정의합니다. 굳이 서로 합의하거나
확인하지 않더라도 일반적으로 공유되고 있는 내용이라는 얘깁니다.
그런데 어제까지 당연히 믿고 있던 사실이 오늘은 거짓이 됩니다.
너와 내가 알고 있는 상식이 서로 다른 방향을 가리킵니다. 이래서는
가치관의 혼란이 불가피합니다. 사실과 거짓은 물론, 선과 악의 경계도
허물어집니다.

철학자 낸시 프레이저는 이 시대를 "비정상적 정의의 시대"라고
정의했습니다. 이 시대의 정의가 정말 정상적이 아닌지, 그렇다면
정상적이라는 것은 또 무엇인지 스스로 되묻게 됩니다만, 그래도 이것

하나는 확실합니다. 무엇이 옳고 그른지에 관해 제대로 합의하기
어려운 시대이긴 하다는 점 말이죠. 선과 악 사이에 명쾌한 선 하나가
그어져 있다면 고민도, 갈등도, 불화도 지금처럼 버겁지는 않을
텐데 그렇지가 않습니다. 읽고 생각하고 토론하는 가운데 기준이
생기기는커녕 스스로에 대한 의심만 커집니다.

결국 이 시대의 전환이 무엇을 향하고 있는지 똑똑히 지켜볼
수밖에 없습니다. 발전하는 기술과 달라진 정치, 경제적 여건에도
불구하고 인류의 역사는 인류가 질문하는 방향으로 움직이기
때문입니다. 정원진 에디터가 포캐스트 〈유에서 무, 무에서 유〉에서
이야기한 "멈출 순 있어도 거스를 수 없는" 흐름, '친환경' 또한 인류가
'개발'이라는 종교적 믿음에 끊임없이 질문을 던졌던 결과입니다.
그래서 우리에게는 지금, 좋은 뉴스가 필요합니다. 이 시대의 정체와
진로를 깊이 있게 조망하여 질문을 던질 수 있게 할 수단 말입니다.
하지만 좋은 뉴스는 스스로 우리에게 찾아오지 않습니다. 우리가 직접
찾아내고, 선택하고, 고민할 때 비로소 보입니다. 《스레드》를 집어 들어
책장을 넘긴 여러분처럼 말이죠. ❂

포캐스트에선 현재를 통찰하고 미래를 전망해요.
이달에 알아야 할 비즈니스, 라이프스타일, 글로벌 이슈 일곱 개를 골랐어요.
3분이면 이슈의 맥락을 알 수 있어요.

나이키코리아는 개정 약관을 통해 '재판매를 위한 구매 금지' 조항을
발표했다. 리셀테크의 중심엔 나이키가 있고 리셀은 나이키의 드로우
전략과 함께 성장했다. 나이키가 진짜로 노리는 것은 비단 악성
리셀러가 아닐지도 모른다. __ 이현구 에디터

'리셀테크'라는 말이 유행한 지는 얼마 되지 않았다. 이 트렌드에 비수가 꽂힐 예정이다. 나이키코리아는 지난 9월 2일 '이용약관 개편 안내'를 통해 리셀(resell)과의 전쟁을 선포했다. 변경된 약관에 "재판매를 위한 구매 불가"를 규정한 항목을 넣은 것이다. 나이키 본사 역시 현지시간 10월 11일 관련 조항을 추가했다. 나이키는 리셀 시장을 주도하는 글로벌 브랜드로, 나이키의 조치는 리셀 시장 전반을 흔들 수 있다. 믿을 수 있는 재테크 수단이 부재한 가운데 리셀테크는 젊은 세대에게 나름 소소한 재테크 수단으로 자리 잡았다. 특히 운동화를 겨냥한 '슈테크'는 소액으로 단기 차익을 노릴 수 있고 정보에 있어 진입 장벽이 낮은 저위험 고수익 재테크다. '드로우(draw)' 등을 통해 일단 구매 기회를 잡는 것이 우선이므로 영끌을 통한 무리한 투기도 어렵다. 코인과 주식 시장의 암흑기가 계속되며 리셀테크로 소소하게 손실을 메웠던 젊은 투자자들은 또 하나의 기회를 잃을 위기에 놓였다.

©사진: Glodi Miessi

MONEY 7000억 원

리셀은 쉽게 '그들만의 리그'로 치부된다. 몇백, 몇천만 원을 호가하는 제품의 가격이나 오픈런 현상 등 수요자의 관점이 주로 부각되기 때문이다. 그러나 리셀은 주목해야 할 시장이다. 이베스트투자증권에 따르면 현재 국내 리셀 시장은 2021년 기준 7000억 원 수준이다. 2025년까지 약 2조 8000억 원 규모로 성장할 것으로 전망된다. 7000억 원 중 스니커즈 거래 규모만 5000억 원이다. 네이버의 자회사 스노우가 만든 '크림(KREAM)', 무신사의 에스엘디티(SLDT)가 만든 '솔드아웃(soldout)', 최초의 스니커즈 리셀 플랫폼 '아웃오브스탁(OUTOFSTOCK)'은 국내 3대 플랫폼으로 거래액이 도합 1조 원에 육박하지만 거래 수수료를 받지 않는 등 출혈 경쟁을 벌이고 있다. 그만큼 돈이 되는 시장이고 대중화되어있다. 나이키코리아는 이 리셀을 트렌드가 아닌 트러블메이커로 규정한 것이다.

STRATEGY1 JUST DO IT

나이키의 창업자 필 나이트(Phil Knight)가 자서전 《슈독(SHOE DOG)》에서 밝힌 창업 과정을 보면 'Just Do It' 그 자체다. 무모한 집념은 기존 업계 1위 아디다스를 꺾을 수 있던 힘이 됐다. 오는 10월부터 적용되는 나이키코리아의 약관도 'Just Do It'이다. 리셀을 막기 위해 초가삼간을 태울 기세다.

• 재판매 일체 ; '재판매를 위한 구매'를 "누군가 다른 사람에게 제품을 재판매하거나 재판매하려는 의도로 제품을 구매하는 것"으로 정의했다. 단순히 리셀 업자뿐 아니라 사실상 모든 경우의 재판매를 막겠다는 뜻으로 읽힐 수 있다.

• 증거와 믿음 ; 이를 판단하는 기준은 오로지 나이키코리아가 발견한 증거나 믿음이다. 이에 대한 구체적 상황은 명시되어 있지 않다. 의심의 대상이 되면 계정 제한, 주문 취소, 계정 중지·폐쇄 등의 조치를 받을 수 있다.

EFFECT 헛발질

이 공지는 '스니커헤드(Sneaker Heads)', 리셀 플랫폼, 리셀러 모두에게 파장을 불렀다. 나이키의 공지대로라면 다음과 같은 부작용이 발생할 수 있기 때문이다.

• 드로우에 직접 당첨되지 않고는 희소성 있는 신발을 결코 살 수 없다.

• 크림, 솔드아웃, 아웃오브스탁 등 국내 리셀 플랫폼이 타격을 입을 수 있다.

• 리셀러라는 증거 수집과 판단의 기준이 불명확해 일반 구매자가 피해를 입을 수 있다.

• 리셀 시장을 모니터링하겠다는 얘기는 없다. 그러나 증거 수집을 위해 활용될 여지가 있다. 그렇다면 일반 중고 거래와 리셀은 명확한 구분이 어려운데 개인 간 발생하는 모든 거래를 어떻게 막을 것인지 불분명하다.

이럴수가. 래플 한 번 당첨되기도 얼마나 힘든데.

불만은 다양하게 파생된다. "신발을 더 찍어내면 안 되나?" 안 된다.
희소성이 감소하고 불필요한 제작을 하게 된다. 순환 경제를 생각하면
친환경적인 방식이기도 하다. "한 번도 성공한 적 없는 드로우 말고
다시 선착순 판매를 하면 안 되나?" 안 된다. 이는 드로우 도입 취지에
어긋난다. 브랜드에 따라 부르는 이름은 다르지만 구매 기회를 임의
부여하는 드로우 혹은 래플(raffle)은 이미 나이키를 통해 효과적
마케팅 수단임이 입증됐다. 제품의 희소성을 유지하면서도 제품 획득을
위한 '공정한 기회'를 보장할 수 있기 때문이다. 이전에는 희소성 높은
한정판의 오픈런 현장에서 몇 날 며칠 노숙하는 이들을 쉽게 볼 수
있었다. 디지털 전환과 함께 응모 절차를 간소화한 드로우는 이 장벽을
허물었다. 공평한 기회를 위해 도입한 드로우에 부정 행위가 생긴다면
나이키는 막을 명분이 있다. 매크로를 통해 다량의 임시 계정을
생성하거나 과도한 웃돈으로 일반 소비자의 접근이 어려워져서는 안
된다.

©사진: Parker Coffman

사실 리셀이 성행한 이유는 상품의 희소성 때문이고 이는 나이키의
드로우가 원인 제공을 했다. 게다가 나이키는 브랜딩에 있어 희소성의
수혜를 봤다. 나이키에 한정한 사례는 아니지만 구찌(GUCCI)나
리바이스(Levi's)는 리셀 플랫폼과 협업해 리셀 플랫폼에 상품을
제공하거나 자체 리셀 사이트를 열기도 했다. 리셀 시장의 존재를
인정하고 상품을 순환하려는 노력의 일환이다. 나이키 역시 재판매
되는 가격이 사실상 나이키 제품의 시장 가격으로 통용되는 바,
나이키가 재판매를 위한 구매를 막겠다는 것은 어불성설이다. 게다가
드로우를 통해 구입한 한정 수량 제품이 막상 다시 신어 보니 사이즈가
잘 맞지 않거나 색상 등을 이유로 변심할 경우 중고 거래를 통해
해결하는 것이 상식적이다. 실제 중고 거래를 막거나 이를 사전에
판단할 방법도 없어 선언적 구호에 가깝다는 평이 지배적이다. 리셀을
막는 것은 드로우를 없애야 가능한 일이다.

KEYPLAYER 쿡

신발을 광적으로 수집하는 '스니커헤드'와 악성 리셀러를 의미하는
'되팔렘'의 싸움은 '에어 조던(Air Jordan)' 시절부터 고질적 문제였다.
악성 리셀러들은 이미 일부 유명 제품에 한해 시세 조작까지 가능했다.
나이키코리아의 조치가 뒤늦고 갑작스럽게 여겨지는 이유다. 나이키가
사실상 리셀을 부추겨온 것이 아니냐는 지적과 동시에 재조명되는
것이 '쿡'이다. 지난 2월 14일 오후 4시부터 판매가 예고된 '나이키
에어 포스 1 LV8'은 상품 판매가 품절 상태로 시작됐다. 음지의 나이키
리셀 시장에서 활동하는 '쿡'들은 일종의 리셀러로, 소위 '쿡방'에서

수백만 원의 회비를 내며 활동한다. 이들은 나이키 관계자로부터 상품을 발매 전에 살 수 있는 백도어 링크를 제공받는데 그 과정에서 쿡들이 물건을 전량 매수해 벌어진 사태다. 나이키가 단속해야 할 적은 외려 내부에 있었다.

신발 사세요~ 품절입니다~

RISK 나이키의 위기

나이키가 드로우를 쉽게 포기할 수 없는 이유에는 위에 언급한 표면적 이유뿐 아니라 복잡한 사정과 전략 변화가 있다. 칸예 웨스트(Kanye West)를 놓친 나이키는 2015년 1분기부터 성장률이 하향 곡선을 그리기 시작했다. 특히 2017년 기준 나이키 매출의 44퍼센트를 차지했던 북미 시장에서는 2017년부터 성장률이 10퍼센트 아래로 떨어졌고 2018년에는 역성장을 보였다. 점유율도 떨어졌다. 2016년 나이키의 북미 시장 점유율은 39퍼센트, 조던은 9.4퍼센트로 도합 58.4퍼센트의 점유율을 보였고 아디다스는 6.6퍼센트에 불과했으나 2017년 상반기 조던은 아디다스에 역전을 허용했다. 아디다스는 11.3퍼센트로 올라서고 나이키는 2퍼센트포인트 주저앉으며 굴욕을 맛봤다. 나이키는 변화의 필요성을 깨닫게 된다.

©사진: Damian Kamp

도매 판매(wholesale) 중심의 유통 구조를 가졌던 나이키는 2017년 회계 연도 실적 발표 후 'D2C(Direct to Customer)' 강화를 통해 유통을 효율화하겠다고 발표했다. 2025년까지 전체 매출의 60퍼센트를 D2C에서 발생시키겠다는 포부를 덧붙였다. 이전까지 3만 개의 유통업체와 11만 개에 달하는 나이키 취급점이 있었으나 이를 40개 유통업계 위주로 재편한 것이다. 거기에 'NIKE+' 멤버십을 출시해 고객을 직접 관리하기 시작했다. 드로우를 하려면 가입이 필수인데, 나이키 플러스의 회원 수는 2021년 기준 2억 5000만 명이다. 소비자의 취향이나 정보를 쉽게 수집할 수 있고 패스트패션의 속도로 디자인에 반영할 수 있게 됐다. 2019년 11월 아마존과 작별하며 나이키는 신발 제조 업체가 아닌, 이커머스 기업으로 거듭났다. 드로우는 디지털 전환과 유통 구조 변화의 결과다. 악성 재고를 양산할 필요가 없이 소비자의 니즈에 맞춰 라인업을 대폭 축소해 한정 발매를 할 수 있는 기반이 갖춰진 것이다. 오프라인으로 구매 경험을 확장하며 고객과의 유대를 강화하는 나이키에게 드로우는 포기할 수 없는 전략이다.

이제 나이키는 이커머스 기업이라고들 하지

INSIGHT 공정 거래

지금의 리셀 시장은 시장 경제 초기와 닮았다. 다양하게 쏟아져 나오는 상품은 희소성이나 효용에 따라 천차만별의 가치를 가진다. 리셀 시장이 성행하기 전, 중고 시장은 상품을 저렴하게 사려는 수요자적 관점에서 이해됐다. 과거 '위탁 판매 업체' 등으로 대표되던 명품 중고 시장도 이 문법을 따랐다. 그러나 고부가가치를 담보하는 한정판 운동화가 게임 체인저가 됐다. 하이엔드 브랜드가 아니어도 문화적 영향력이 큰 한정판 운동화가 접근 가능한 가격으로 판매되기 시작한 것이다. 따라서 리셀 시장은 데드스탁(deadstock)을 중심으로 기존의 중고 시장과 크게 갈라서며, 한정 수량의 제품에 웃돈을 얹어 팔려는 공급자의 문법을 따르게 됐다. 보이지 않는 손이 시세를 형성하고 구매자와 거래자가 합의한 가격에 물건이 거래되지만 현재까지 중간자의 적절한 개입은 없는 상태다. 시장은 맹신의 대상이 아님이 역사를 통해 증명됐다. 공정 거래를 담보하는 제도나 기관의 존재가 필요하다. 그러나 그 기업이 단속의 주체가 될 순 없다. 나이키의 접근이 공허하고 부적절하게 보이는 이유다. 드로우와 리셀이 숙명의 관계라면 이를 조정할 제3자가 필요하다. 중고 시장을 보는 패러다임의 변화가 요구된다.

©사진: Brad Starkey

FORESIGHT IP 전쟁

아직 나이키코리아가 '재구매를 위한 구매 금지' 조항으로 크림과

솔드아웃 등에 전달한 입장은 없다. 그러나 갈등은 언제든 비화할 수 있다. 나이키코리아가 진짜 노리던 것은 악성 리셀러가 아닌 리셀 플랫폼일 수 있기 때문이다. 현재 나이키 본사는 글로벌 리셀 플랫폼 '스탁엑스(StockX)'와 소송 중이다. 시작은 나이키 한정판 스니커즈를 소재로 한 볼트 NFT(Vault NFT)를 스탁엑스가 출시하면서인데 나이키는 스탁엑스를 상대로 맨해튼 연방 법원에 상표권 침해 소송을 제기했다. 거기에 스탁엑스가 실제 네 켤레의 가품을 판매하고 '검증된 정품(Verified Authentic)' 행택을 달았다며 위조와 허위 광고 혐의로 소송 항목을 추가했다. 스탁엑스에 대한 정조준으로 미루어볼 수 있는 것은 나이키가 상품에 대한 독점적 지위를 원하고 있다는 점이다. 'RTFKT' 인수로 웹 3.0 생태계로도 빠르게 진출하고 있는 나이키는 나이키의 이미지를 차용해 성장한 산업에 대해 광범위한 지식재산권 전쟁을 예고하고 있다. ✆

  더 많은 이야기는 북저널리즘 라디오에서 만나요!

노웅래 의원이 근로 시간 외 통신 수단을 이용한 업무 지시를 금지하는
근로기준법 일부 개정 법률안을 대표 발의했다. 한편 미국에서는
조용한 퇴직(Quiet Quitting)이 유행처럼 번지고 있다. 조용한 퇴직을
택한 이들은 더 소극적으로 일하고, 그렇지 않은 이들은 번아웃에
시달린다. 이 악순환을 끊는 방법은 무엇일까? __ 김혜림 에디터

BACKGROUND 카카오톡

2022년 4월 와이즈앱의 분석에 따르면 한국인이 가장 많이 사용하는 앱은 카카오톡이다. 업무용 툴에서도 마찬가지다. 오픈서베이의 2021 트렌드 리포트에 따르면 국내 직장인 과반수가 업무용 메신저로 카카오톡을 사용하며, 회사 자체 메신저가 그 뒤를 이었다. 회사 규모가 크지 않을수록 자체 메신저를 개발하기 쉽지 않기 때문에 카카오톡 등의 무료 메신저가 업무에 동원되는 경우가 많다. 카카오톡이 업무와 삶 모두의 공간이 된 셈이다. 개인용 메신저의 업무용 사용에 대한 스트레스 관련 조사에서 카카오톡을 업무용으로 사용하는 것에 스트레스를 받는다는 의견은 연령대가 낮을수록 높아졌다. 공적인 회사의 일과 사적인 삶이 하나의 인터페이스에 담기자 피로감이 높아진 게 큰 이유였다.

여러분의 회사는 무슨 협업 툴을 사용하나요?

DEFINITION 근로기준법 일부개정법률안

정치계는 이 목소리를 놓치지 않았다. 노웅래 의원 등이 발의한 근로기준법 일부개정법률안은 제6조2항, 근로자의 사생활 보장 항목 신설을 주장한다. 내용은 다음과 같다. "사용자는 이 법에서 정하는 근로시간 이외의 시간에 전화, 전자 문서, 문자 메시지, 소셜네트워크서비스 등 각종 통신 수단을 이용하여 업무에 관한 지시를 반복적이고 지속적으로 하는 등 근로자의 사생활의 자유를 침해하여서는 아니 된다." 이를 어길 경우 500만 원 이하의 과태료가 부과된다. 비슷한 법안은 반복적으로 발의됐다. 2016년 신경민 의원은

퇴근 후 문자나 SNS로 업무 지시를 할 수 없도록 하는 근로기준법
개정안을 대표 발의한 바 있다. 2016년 JTBC에서 실시한 여론 조사에
따르면 해당 법안에 78퍼센트가 찬성, 17퍼센트가 반대했다.

EFFECT 공적인 일과 사적인 삶

공적인 일과 사적인 삶 사이의 장벽이 사라지는 것은 비단
카카오톡만의 현상이 아니다. 디지털의 일상화는 업무의 영역을
개인화했다. 근로자는 주머니 속 스마트폰으로, 가방 속 태블릿
PC로, 방 안 데스크톱으로 대부분의 업무를 수행할 수 있다. 어디든,
언제든 항상 업무와 연결됐다. 팬데믹으로 가속화된 원격 근무로
인해 공간의 의미도 바뀐 지 오래다. 일의 공간과 생활의 공간은
분리하기 어렵게 뒤섞였다. 무조건적 연결은 일의 효율성을 높이지도
않는다. 하버드경영대학원의 레슬리 펄로(Leslie A. Perlow) 교수는
과도한 연결과 상시 작동하는 업무 문화가 직원의 정신적 자원을
분산시킨다고 분석했다. 몰아치는 연락 속에서 근로자는 자신의 업무
주도권과 우선순위를 정하기 쉽지 않다.

©사진: Kaspars Grinvalds

프랑스의 경우 노동법에 '연결되지 않을 권리'가 최초로 법제화돼
2017년부터 시행되고 있다. 프랑스는 '호출 대기'라는 개념을 도입해
근로자가 실질적으로 사용자의 지휘와 감독 아래 있는 시간에 대한
보상이 필요하다고 규정했다. 독일의 경우도 마찬가지다. 독일은
근로시간법을 통해 근로 대기, 대기 업무, 호출 대기 모두를 규율하고
있다. 개별 기업도 자발적으로 동참하는 경우가 많다. 독일의 '도이치
텔레콤'은 퇴근 후에도 일을 해야 하는 경우 미리 시간과 장소를
지정해 업무를 진행하며, 이에 대한 보수를 지급하는 협약을 도입했다.

CONFLICT 번아웃

버즈피드의 기자 앤 헬렌 피터슨(Anne Helen Petersen)은 밀레니얼
세대를 관통하는 특징으로 번아웃을 지적했다. 경쟁에 내몰리고, 빠른
시간 내에 결과물을 내야 하는 상황에서 업무에 대한 열정과 효능감은
쉽게 해진다. 개인의 삶도 적잖은 영향을 받는다. 사람인의 조직 건강도
조사에 따르면 응답자의 72.6퍼센트는 조직 문화와 건강도가 개인의
삶에 영향을 미친다고 답했다. 소통 없는 일방적 업무 지시와 비효율적
회의 등 다양한 조직 문화로 인해 업무 동기 부여가 약화된다는
답변은 56퍼센트를 차지했고 스트레스로 인해 신체적 질병을 앓고
있다는 답변은 52퍼센트에 달했다. 자아실현과 성장이라는 목적과는
멀어진 업무 환경과 조직 문화, 뒤처지면 안 된다는 압박, 갓생이라는
FOMO가 공존하는 시대에서 일과 휴식, 삶과 메신저의 유연한 공존은
힘들어졌다.

앤 헬렌 피터슨! 북저널리즘에서 인터뷰한 적이 있어

2021년 노동 시장의 키워드가 대퇴직(Great Resignation)이었다면 2022년의 키워드는 조용한 퇴직이다. 월스트리트 저널이 조명한 틱톡 영상은 1989년 이후 출생한 직원 중 69퍼센트가 택한 조용한 퇴직을 수면 위로 올렸다. 조용한 퇴직은 직원이 직장에서 할 수 있는 노력을 보류하고 피하는 현상을 말한다. 10분 일찍 출근해 이메일을 확인했던 입사 초기와는 달리 공식적 업무 시간이 시작된 이후에 컴퓨터를 켠다거나, 일이 끝나지 않았음에도 불구하고 퇴근 시간이 되면 노트북을 덮는 일이 그 사례다. 대퇴직의 시대를 넘어 인플레이션에 직면한 지금, 직원들은 적극적으로 그만두기보다 소극적으로 기피하기를 택했다. 열정적으로 일하는 직원은 더 쉽게 번아웃에 빠지고 기업은 문제를 인식하기조차 쉽지 않다.

문제를 인식하기조차 쉽지 않다는 것이 더 큰 문제!

INSIGHT 악순환

퇴근 후 업무 메시지에 대한 법적 제재는 조용한 퇴직에 대한 궁극적 대처일 수 있을까? 미국의 저널리스트 마이크 엘건(Mike Elgan)은 조용한 퇴직이 "관리자와 회사 경영진에게 알리지 않은 직원의 자체적이고 일방적인 의사 결정"이라는 점에서 대퇴직보다 위험한 현상임을 지적한다. 생산성은 업무 시간과 정비례하지도, 반비례하지도 않는다. 인텔의 CEO였던 앤디 그로브(Andy Grove)가 생산성 문제에 대처하기 위해 실시한 '기본으로 돌아가기(Back to Basics)'는 예상치 못한 결과를 낳은 바 있다. 업무 시간을 줄이자 외려 직원들은 일에 대한 주도권과 효능감을 잃었다. 직원에게 가장 중요한 것은 결국 내가 하는 일이 가져다줄 수 있는 가치다.

©사진: kuwaittimes 홈페이지

FORESIGHT Z세대와 일

캐나다의 조직 심리학자인 마이클 리터(Michael P. Leiter)는 번아웃과
탈진의 차이점을 설명하며 하나의 예시를 언급했다. "의사들은
한밤중에도 출산을 돕고 완전히 탈진한 상태가 된다. 하지만 새로운
생명을 세상에 데려오고, 사람들의 삶을 더 낫게 만드는 일이
소중하다고 생각한다. 이 경우 탈진한 상태는 맞지만 번아웃은
아니다." 번아웃과 조용한 퇴직이 악순환을 반복하며 몸집을 불리기
전에 질문해야 할 것이 있다. 사람들은 왜 일할까? 대학내일의 조사에
따르면 Z세대가 일하는 가장 큰 이유는 자아실현이었다. 27.1퍼센트가
업무를 통한 자신의 능력 발휘와 보람을 꼽았다. 지금의 일은 노동과
생산을 넘어선다. 일과 삶이 더 이상 떨어질 수 없다면 둘을 조화롭게
섞을 머들러가 필요하다. 어쩌면 그 머들러는 Back to Basics, 기본의
모습을 하고 있을지 모른다. ●

  더 많은 이야기는 북저널리즘 라디오에서 만나요!

핀둬둬가 중국 국내 사용자 규모 면에서 알리바바를 잡고 미국 시장에 진출했다. 알리바바에 이어 아마존을 위협하고 있지만, 후발주자란 정체성이 가지는 위험성이 크다. 핀둬둬는 라이징스타에 그치지 않고 전 세계 이커머스계 스타가 될 수 있을까? __ 정원진 에디터

• 라이징스타가 중국 이커머스 시장을 흔들고 있다. 중국 이커머스 플랫폼 1,2위인 알리바바와 징둥은 모두 20년이 넘는 역사를 지녔다. 이들을 위협하고 있는 건 다름 아닌 2015년에 설립된 기업, 핀둬둬(拼多多, Pinduoduo)다. 핀둬둬는 설립 2년 만에 2억 명 이상의 회원을 확보했다. 그리고 2020년, 연간 활성 사용자수 7억 8800만 명을 넘어섰다. 사용자 규모 면에서 업계 1위 알리바바를 따라잡기까지 걸린 시간은 5년이다.

• 무서운 성장세에 힘입어 지난 9월 1일, 핀둬둬는 해외 브랜드 '테무(Temu)' 사이트 오픈과 함께 미국 진출을 알렸다. 테무는 9월 중순 미국 내 신규 다운로드 쇼핑 앱 1위를 기록했다. 설립한 지 10년도 안 된 이 기업은 어떻게 알리바바를 잡고, 아마존까지 위협하고 있을까?

©사진: Rafael Henrique

DEFINITION 핀둬둬

중국 3대 이커머스 플랫폼에 올라선 핀둬둬는 성장세가 유명세를

앞섰다. 아직 한국에서는 생소하다. 구글 출신 황정 전 CEO가
창업했으며, 설립 3년 만에 나스닥에 상장했다. 시작은 농산물
중심이었다. 중국 내 소규모 농장과 소비자를 직접 연결함으로,
생산자와 소비자 모두에게 이익이 돌아갈 수 있는 시스템을 고안했다.
핀둬둬의 직거래 전략은 현재 농산물뿐 아니라 다른 제품에서도
사용되고 있다. 핀둬둬는 '모으다'라는 뜻의 拼(pin)과 '많이'라는
뜻의 多多(duoduo)가 합쳐진 단어다. '많이 많이 모으다'라는 뜻이다.
이름을 보면 핀둬둬의 전략이 보인다.

핀듀오듀오라고 쓰기도 하더라구요

STRATEGY 하침시장(下沉市场)

중국 이커머스 시장에서 핀둬둬는 확실한 후발주자다. 2강체제가
공고한 상황에서, 알리바바와 징둥은 고급화 전략으로 경쟁하고
있었다. 핀둬둬는 틈새시장을 노렸다.

• 1~5선 도시 ; 중국은 행정 구역과는 별개로 도시를 5선으로
구분하고 있다. 공식분류 체계는 아니지만, 도시의 경제 발전도를 알 수
있는 지표다. 1선으로 갈수록 경제 규모가 큰 도시다. 베이징, 상하이,
광저우, 선전이 1선 도시에 속한다.

• 하침시장 ; 3~5선 도시를 통틀어 하침시장이라 부른다. 여기에
속하는 도시는 총 228개로 중국 전체인구의 70퍼센트가 거주하고
있다. 큰 잠재력을 지닌 시장이다. 핀둬둬가 하침시장에 눈을 돌린 건
'많이 많이 모으다'라는 브랜드 정체성에 맞는 전략이었다.

롱테일 전략을 취했군요!

RECIPE1 공동구매

핀둬둬는 사람을 모으는 데 그치지 않았다. 사람이 모일수록 제품 가격이 저렴해지는 소셜 커머스를 활성화했다. 핀둬둬에서 물건을 사는 방식은 크게 세 가지다. 혼자 사거나, 팀 리더가 되거나, 만들어진 팀에 합류하는 것이다. 24시간 내 2명 이상의 소비자가 매칭되면 물건을 구매할 수 있다. 많이 모일수록 할인폭이 커진다.

RECIPE2 소셜미디어

• 소통 ; 소비자 간의 소통을 원활하게 하기 위해 핀둬둬는 위챗과 손을 잡았다. 위챗 활용은 소비자의 적극성을 낳았다. 소비자들은 공동구매가 성사되기까지 기다리는 게 아니라 위챗을 통해 공동구매 링크를 공유한다. 지인들까지 자연스레 핀둬둬로 유입되는 바이럴 효과가 생긴다. AI를 활용해 위챗 지인 기반 상품 추천 서비스를 제공하기도 한다. 이런 특징을 살려, 핀둬둬는 모바일 버전만 운영하고 있다.

• 게이미피케이션 ; 이렇게 모인 소비자를 묶어 두기 위해 핀둬둬는 게임을 활용했다. '둬둬과수원'은 핀둬둬 앱 내에 있는 온라인 게임이다. 출석 체크, 공동구매 링크 공유, 물건 구매 등으로 얻은 포인트로 가상의 나무를 기를 물과 비료를 구매할 수 있다. 나무가 자라면 실제 과일 한 박스가 집으로 배달된다. 게임을 하기 위해 앱을 켜는 사람이 매일 1100만 명 이상이다. 핀둬둬는 스스로 '코스트코에 디즈니를 합친 회사'라고 소개하기도 했다.

 사과, 호두, 귤 등 직접 원하는 나무도 선택할 수 있다구요!

RISK 또 후발주자

중국 내 성공을 가져다 준 핀둬둬의 전략이 미국에서도 통할까?
핀둬둬는 '테무'라는 이름으로 미국의 문을 두드렸다. 유아용품, 홈
앤 가든, 펫 카테고리도 있지만, 주 판매 품목은 의류다. 유통과정을
줄이고 중국 내 제조업체에서 직접 제품을 살 수 있도록 하는 온라인
플랫폼은 이미 미국에 많다. 알리바바의 라자다(Lazada)와 텐센트의
쇼피(Shopee)가 그것이다. 핀둬둬는 이 시장에서도 후발주자다.

REFERENCE 쉬인

중국 패스트패션 온라인 플랫폼 쉬인(SHEIN)은 핀둬둬가 참고해야 할
기업이자, 앞으로 미국 시장에서 경쟁해야 할 기업이다. 2008년 설립된
쉬인은 패스트패션계 후발주자라 할 수 있다. 소비자와 제조업체를
바로 연결하는 C2M 방식으로 자라와 H&M로 대변되는 패스트패션
양대산맥에 균열을 내고 있다. 다음과 같은 전략으로 쉬인은 작년 미국
내 신규 다운로드 앱 1위를 차지했다.

• 저렴한 가격 ; 중국에 본사를 두고 있는 쉬인의 평균 제품 가격은
7.9파운드, 한화로 1만 2000원이다. 유통망을 없애 가격 경쟁력을 높인
것이다.

• 패스트-패스트 패션 ; 쉬인은 빅데이터를 활용해 트렌드와 판매
추이를 실시간으로 생산에 도입한다. 잘 팔리는 제품은 더 만들고
잘 안 팔리면 바로 단종하는 것이다. 이러한 방식은 재고를 남기지
않는다는 장점도 있다.

인스타그램 광고로 많이 본 것 같아요

쉬인을 보면 중국 제조업체와 소비자를 직접 연결하는 핀둬둬의 전략은 미국에서 통할 여지가 충분하다. 다만 획기적인 전략만큼이나 위험성도 크다.

• 짝퉁 ; 《월스트리트저널》에 따르면, 최근 3년 간 미국 내 쉬인 상대 저작권 침해 소송은 50건이 넘는다. 핀둬둬도 무관치 않은 문제다. 2019년 핀둬둬는 미국 무역대표부의 위조품 판매 의심 블랙리스트에 오른 바 있다.

• 996 ; '9시 출근, 9시 퇴근, 주6일 근무'라는 뜻으로 중국 IT기업의 초과근무를 일컫는 신조어다. 스위스 변호단체의 보고서에 따르면, 광저우에 위치한 6개 쉬인 공급업체의 직원은 주당 75시간 근무한다. 핀둬둬도 996 논란에서 자유롭지 않다. 2021년 핀둬둬의 식료품 판매 사업부에서 근무하던 직원이 사망했다. 원인은 과로사로 추정된다.

INSIGHT Still Rising

핀둬둬가 중국 이커머스 내 라이징스타로 관심을 모은 것은 오래되지 않았다. 중국 내에서 경쟁력을 확인했을 뿐, 이름을 대면 누구나 알 수 있을 정도의 기업으로 인정받은 것은 아니다. 그리고 미국 시장에서 다시 주목받고 있다. 어떻게 보면 중고 라이징스타다. 가능성은 양날의 검이다. 앞선 문제로 볼 수 있듯, 성장에 대한 압박은 언제든 무리수로 이어질 위험이 있다.

©사진: allvision

FORESIGHT 선발주자

• 새로운 도전에 앞서 핀둬둬는 시작을 돌아볼 필요가 있다. 핀둬둬는 농산물을 중심으로 시작했다. 현재 알리바바, 징둥과 차별화되는 부분 또한 이 분야다. 핀둬둬의 농산물 매출은 2019년 23조 원 규모로 알리바바와 징둥과는 비교가 안 될 정도로 크다. 핀둬둬를 통해 소비자와 직거래하는 농가는 60만 곳이 넘는다. 농산물 공동구매 서비스 '둬둬마이차이'는 코로나 특수를 누리며, 핀둬둬의 성장세에 기여한 바 있다. 핀둬둬는 AI를 활용한 식품산업 스마트화에도 투자를 이어가고 있다. 핀둬둬의 정체성은 여기 있다.

• 다시 말해, 농산물 이커머스 시장에서는 핀둬둬가 선발주자다. 핀둬둬는 의류 산업 중심의 미국 진출로 다시 후발주자가 되길 선택했다. 어쩌면 핀둬둬는 제2의 알리바바, 아마존에 몰두해 더 큰 걸 놓치고 있을지 모른다. 시장을 이끌 것이냐 따라갈 것이냐. 스타와 라이징스타의 차이는 여기서 갈린다. ⓣ

더 많은 이야기는 북저널리즘 라디오에서 만나요!

글로벌 경기 침체 영향으로 투자 시장이 얼어붙었다. 이 와중에 친환경 신소재 스타트업에 투자가 몰리고 있다. 스타트업은 불모지였던 소재 산업에서 어떻게 두각을 나타냈나. 또 돈의 흐름은 무엇을 말하나.

__ 정원진 에디터

BACKGROUND 혹한기

스타트업계는 지금 겨울을 준비하고 있다. 각국 중앙은행이 기준금리를 인상하며 시장의 유동성은 얼어붙은 지 오래다. 지난해부터 감지되기 시작한 실리콘밸리의 투자 급감 현상은 기어코 국내로 넘어왔다. 지난해 4분기에 걸쳐 지속 성장했던 국내 벤처투자 규모는 올 1분기 들어 꺾였다. 투자자들의 눈은 더 예리해졌다. 유망 기술 분야라면 자금이 모이던 전과는 다르다. 이제는 가능성이 아닌 성과로 증명해야 하는 시기다. 이런 와중에 1년 새 5배가 넘는 투자금을 유치한 산업이 있어 관심을 모으고 있다.

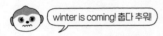

winter is coming! 춥다 추워!

MONEY 414억

스타트업 창업 초기 3~7년은 흔히 데스밸리, 죽음의 계곡이라 불린다. 이 시기만 넘으면 안정적인 운영이 가능하다는 소리다. 유저해빗, 닷페이스 등 데스밸리를 넘은 창업 3~7년차 스타트업이 투자유치에 실패해 문을 닫고 있다. 스타트업 투자정보 플랫폼 '더브이씨'에 따르면, 신소재 관련 스타트업계는 올해 8월까지 총 414억 원의 투자 유치에 성공했다. 지난해 같은 기간 77억 원에 비하면 5배 증가했다. 특히 친환경 소재 스타트업이 가파른 상승세를 보이고 있다. 죽음의 계곡보다 더한 상황에서의 414억 원은 남다른 의미를 지닌다.

DEFINITION 소재 산업

소재 산업은 핵심 소재 개발에만 성공하면 오랜 시간 시장을 장악할
수 있는 고부가가치 산업이다. 하지만 그 과정은 모험에 가깝다.
연구개발에 많은 비용과 시간이 필요하고 불확실성도 크다. 현재 세계
탄소섬유 시장 전체의 70퍼센트를 장악하고 있는 건 일본의 대기업
도레이다. 2006년 미국의 보잉과 대규모 장기계약을 체결하기까지
도레이는 30년 적자에 시달렸다. 이러한 특성 탓에 소재 산업은
스타트업 불모지였다. 그런 소재 산업에 스타트업이 뛰어들 수 있었던
이유는 무엇일까?

RECIPE 폐기물 감축

많은 친환경 스타트업이 뛰어든 리유저블 산업은 자원 순환의 가장
기초적인 시도였다. 이번에 투자 유치에 성공한 스타트업의 기술을
살펴보면, 넓은 의미에서 자원 순환이다. 대규모 사업장에서 나오는
폐기물을 활용해 신소재를 만든다. 친환경 소재는 폐기물을 활용할 수
있다는 점에서 무에서 유를 만드는 기존 소재 산업보다 접근성이 낮다.

- 엘디카본 ; 폐타이어를 열분해해 친환경 카본 블랙을 만드는 친환경
기업이다. 8월 185억 원 규모의 시리즈A 투자를 받았다.

- 에이엔폴리 ; 유기성 폐자원을 활용해 플라스틱 대체 소재를 만든다.
2020년 25억 원 시리즈A 투자에 이어, 8월 106억 원 시리즈B 투자를
받았다.

카본블랙은 분말 형태의 탄소래요
타이어 강화제로 쓰인다구요

폐기물 활용은 기업의 니즈와도 맞아떨어진다. 큰 규모의 사업장이
만들어내는 폐기물은 ESG 경영의 골치거리다. 현재 기업 ESG
평가는 명확한 기준이 없이 평가 기관에 따라 달리 이뤄지고 있다.
이런 상황에서 폐기물 배출량은 절대적 측정 가능한 요소 중 하나다.
따라서 기업에게 폐기물 감축은 꽤나 중요하다. 넘쳐나는 폐기물은
스타트업에겐 자산이자 기회다. 친환경 소재 산업이 폐기물 감축과
신소재 개발을 오가는 실험의 장이 된 이유다.

©사진: Robert Laursoo

REFERENCE 스타스테크

폐기물 감축에 초점을 맞춘 스타트업의 대표적 성공 사례는
스타스테크다. 불가사리는 다른 해양 생물을 닥치는 대로 먹고, 천적도
없어 어민들의 오랜 골칫거리다. 지자체는 매년 불가사리 3000톤을
소각한다. 불가사리를 그냥 두면 해양 폐기물이다. 스타스테크는 이를
활용해 친환경 제설제를 만들었다. 나아가 차량 부식을 유발하는
염화이온을 억제하는 등 기존 제설제의 문제도 해결해, 2022년 1월

'이달의 한국판 뉴딜'로 선정되기도 했다. 실제 100억 원대 연매출을
올리고 있다.

 도시와 바다의 환경 문제를 동시에 해결하다니!

KEYPLAYER 버추얼랩

스타트업의 연구개발 부담을 줄여줄 스타트업 또한 등장했다.
버추얼랩은 스타트업을 대상으로 머터리얼스 스퀘어라는 R&D
시뮬레이션 서비스를 제공하고 있다. IT 전문가가 아니어도, 웹
브라우저만 있다면 누구나 시뮬레이션 방법론을 직관적으로 이해할
수 있도록 했다. 스타트업 기업은 가상의 공간에서 시뮬레이션 연구를
진행하면서, 불확실성을 줄일 수 있다. 소재 개발에서 스타트업이
가지고 있던 부담을 덜어주는 것이다. 버추얼랩은 소재 산업에서
스타트업의 역할이 이어질 수 있다는 가능성을 의미한다.

INSIGHT 마른 돈줄의 흐름

투자자들이 더 예리한 눈으로 살피는 지금, 일각에선 스타트업
생태계가 이제야 심사대에 올랐다고 한다. 실리콘밸리 투자사 베세머
벤처 파트너스는 "유니콘의 시대가 저물었다"고 선언했다. 대신
실질적인 성과와 가능성을 모두 갖춘 '켄타우로스형' 스타트업 발굴에
주력하겠다고 밝혔다. 불황기 말라붙은 돈줄에 모두가 예의주시하고
있는 상황, 투자의 흐름은 친환경 소재 스타트업으로 향하고 있다.

©사진: pict rider

FORESIGHT 거스를 수 없는 흐름

과연 이러한 투자 흐름은 이어질까? 잠깐 멈출 순 있어도 거스를 수 없는 게 친환경 흐름이다. 전쟁과 경기 불황이 각국의 선택을 환경보다 실리로 이끈다 해도, 친환경이 표면적으로 내세우고 있는 기치임은 변하지 않는다. EU 행정부 격인 집행위원회는 7월 기후대응 법안 패키지를 발표하며 본격적인 탄소국경세 시행을 예고했다. 바이든의 인플레이션 감축 법안이 말하고 있는 것도 결국은 기후 위기다. 소재 산업은 고부가가치 산업이다. 탄소중립 시대, 친환경 신소재는 더욱 그렇다. 투자도 친환경 흐름을 거스를 수 없을 것이다. ⊤

  더 많은 이야기는 북저널리즘 라디오에서 만나요!

제주 남방큰돌고래를 보호하기 위해 '생태법인'이라는 개념이 활발히
논의되고 있다. 엉뚱한 이야기처럼 들릴 수도 있지만, 사람이 아닌
주체에 법적 권리를 인정하는 것은 새로운 개념이 아니다. 이 논의는
우리가 지구인의 의무를 다하고 있는지 진지한 질문을 던지고 있다.
__ 신아람 에디터

제주 바다에는 원주민들이 살고 있다. 그들의 존재가 알려진 것은 20년도 되지 않았으며, 대략 120여 명 규모로 추정된다. 2009년, 이들 중 몇 명이 납치되었다. 범인들은 납치한 원주민 중 몇을 팔아넘겼다. 원주민 쇼를 하는 곳이었다. 고된 훈련과 몸도 가누기 힘든 열악한 숙소를, 이들은 견뎌야 했다. 이들이 자유의 몸이 되어 살던 곳으로 돌아간 것은 납치 후 짧게는 3년, 길게는 6년 후였다. 그 시간을 견뎌내지 못하고 몇 명은 사망하고 말았다. 이 이야기는 실화다. 제돌이, 춘삼이, 태산이, 복순이. 4명의 제주 남방큰돌고래 이야기다.

ⓒ사진: Alexander Shatov

 얼마 전 수족관에 남아있던 마지막 남방큰돌고래 '비봉이'도 제주 고향 바다로 돌아갔어!

CONFLICT 법정에 돌고래를 허하라

이 4명이 자유를 찾기까지는 지난한 싸움이 이어졌다. 옳고 그름의 기준을 다시 세워야 했고, 정치와 관례의 프레임을 거둬내야 했다. 그 자리에 정의와 과학, 행동을 채우는 일은 간단하지 않았다. 법원이 이들에게 자유를 돌려주는 결정을 한 이유 또한 그것이 이들의 당연한 권리였기 때문이 아니었다. 이들이 범죄의 피해자였기 때문도 아니었다. 그저 이들을 납치한 '인간'의 행위가 '불법 포획'이었기 때문이다. 그래서 대법원은 이들을 '몰수'했다. 만약 이들이 직접 법정에서, 소송의 당사자가 되어 자신들의 피해를 호소할 수 있었다면 어땠을까? 나는 납치 당했으니 일단 나를 풀어달라고 '인신구제청구' 소송을 할 수 있었다면 말이다. 그리고, 나의 권리가 침해당했노라고, 이런 일이 다시 발생한다면 우리 동료들도 기꺼이 법적 권리를 주장할 것이라고 이야기할 수 있었다면, 상황은 어떻게 달라질 수 있었을까?

DEFINITION 법인격

물론, 언뜻 생각하면 납득하기 힘들다. 실제로 법률에서 자연은 누군가의 소유물로 취급된다. 인간이 아닌 존재가, 인간의 소유물에 해당하는 자연이 법정에서 주체가 될 수 있다는 상상은 허황한 것만 같다. 그러나 우리는 이미 인간이 아닌 법적 인격체와 함께 살아가고 있다. 바로 법인(法人)이다. 자본주의의 성장은 기업과 재산이라는 비인간 주체에 법인격을 허락했다. 그렇다면 우리의 시대는 어떠한가? 당장 올여름 우리는 폭우와 태풍이라는, 지구의 경고장을 받아들었다. 지금이야말로, 다시 한번 우리의 법적인 패러다임을 전복시켜야 할 시점일 지도 모른다. 자연에도 법인격을 부여하는, '생태법인(eco legal person)'이라는 개념은 그래서 탄생했다.

RECIPE 생태법인

관련 논의는 이미 활발하게 진행되고 있다. 먼 나라의 이야기가 아니다. 바로 우리 제주에서 현실이 될 가능성이 가시화하고 있다. 지난 9월

15일, 제주도에서 열린 제17회 제주포럼에서 '자연과 인간의 공존모델, 생태법인'이라는 제목으로 세션이 열렸다. 제주 남방큰돌고래에 생태법인을 도입하기 위한 발표와 논의가 이어졌다. 이미 정치권에서도 관련 논의는 현재 진행형이다. 특히, 제주특별자치도의 오영훈 도지사는 국회의원 시절 해양환경 단체 '핫핑크돌핀스'와 함께 '제주 남방큰돌고래 보호와 생태법인 입법을 위한 정책토론회'를 주최한 바 있다. 당장 법을 제정하는 것은 힘들 수 있어도 제주특별자치도 차원의 조례 제정 등을 노려볼 수도 있다는 얘기다.

©사진: 김도희 변호사

REFERENCE 황가누이강

세계적으로도 비슷한 사례는 적지 않게 찾아볼 수 있다.

• 뉴질랜드 ; 2017년 뉴질랜드는 황가누이강(the Whanganui River)에 법인격을 부여했다. 수백 년 전부터 이곳에 터를 잡고 사는 마오리족의 수송로이자 이동로가 되어 온 이 강은, 그러나 유럽의 침략 이후 개발이라는 이름의 훼손에 시달려야 했다. 법인격을 부여받은 황가누이강은 권리와 의무, 책임 등 인간과 동등한 법적 지위를

보유하게 됐으며 마오리족 공동체가 임명한 대표자 1명과 정부가
위임한 대리인 1명이 공동으로 강의 법인격을 대변한다.

• 콜롬비아 ; 같은 해 콜롬비아 헌법재판소는 아마존강의 일부인
아트라토강(Atrato River)과 그 일대에 법적 권리를 부여했다. 2018년
4월, 콜롬비아 대법원은 헌법재판소의 결정을 인용하여 콜롬비아
정부가 강이 흐르는 지역을 보호하도록 명령했다.

• 에콰도르 ; 2008년 에콰도르는 세계 최초로 자연의 권리(the rights
of Nature)를 헌법에 명시했다. 이후 자연의 권리를 보호법익으로
주장하는 소송이 제기되었으며, 이를 인정하는 판결들이 나오고 있다.

제주도에서 남방큰돌고래들이 법인격을 부여받게 된다면, 이들은
자신들의 거주지를 관광 보트의 소음으로 침해당하지 않을 권리를
갖게 된다. 함부로 납치당하지 않을 권리를 갖게 된다. 폭행당하지 않을
권리, 환경오염이나 난개발의 피해자가 되지 않을 권리를 갖게 된다.

©사진: 뉴질랜드 관광청

KEYPLAYER 법정대리인

그렇다고 법정에 돌고래들이 직접 출석하여 증언을 할 리는 없다.
생태법인이라는 제도가 도입된다면 남방큰돌고래의 법인격을
대변할 법정대리인을 세우게 된다. 미성년자의 부모 혹은 양육자가
법정대리인이 되는 것과 마찬가지다. 치매 등의 정신적 제약을
요건으로 하는 성년후견인 제도와도 닮아있다.

INSIGHT 체계를 만든다는 것

이번 제주포럼에서 발표자로 나선 민주사회를 위한 변호사모임
환경보건위원회 동물권소위원회의 김도희 위원장은 북저널리즘과의
인터뷰에서 생태법인이라는 새로운 개념이 우리 사회를 어떻게 바꿀
수 있을지, 그리고 현실화 과정에서 깊이 생각해 봐야 할 문제는
무엇인지에 관해 희망적인 관점을 제시했다.

생태법인은 굉장히 낯선 개념이다. 시도만으로도 큰 노력과
논의가 필요할 것이다. 우리는 왜 생태법인에 관해 논의해야
하나?

인간은 수많은 지구생활자 중 일부일 뿐이다. 그리고 다른 존재들과
함께 사는 데에 참으로 서툴다. 그러나 이대로는 안 된다. 공존의
방법을 모색하지 않는다면 인류는 고사할 수도 있다. 우리는 자본의
논리로 세상을 바라보는 데에 익숙해져 있다. 비인간을 개발과 정복의
대상, 이용할 재화로 보는 시선이다. 그러나 지구를 버리고 떠날 것이
아니라면 이제 다른 지구 구성원과 인간이 동등한 위치임을 인정해야

한다. 생태법인이라는 개념은 인간이 지구의 구성원 중 일부라는 점을 인식하는 첫걸음이 될 것이다.

> 우려의 목소리도 나온다. 생태법인의 법정대리인이 자신의 이해득실을 따져 제도를 악용할 수도 있다는 것이다. 예를 들어 남방큰돌고래의 법정대리인이나 그 후원 단체 등에 제주 개발 기업이 끼어든다든가 하는 가정도 해 볼 수가 있겠다.

아주 중요한 문제다. 단순히 자연에 법인격을 부여하는 것만으로는 문제를 해결할 수 없다. 법인의 경우를 예를 들어 설명해 보겠다. 법인은 기본적으로 정관이나 이사회 등을 통해 악용을 방지한다. 즉, 누군가의 입김에 좌우되지 않도록 표준 정관을 처음부터 세심하게 만들어야 할 것이다. 기업의 후원을 원천적으로 차단하거나 목적이 명확한 후원만을 받도록 하는 방법도 있다. 또, 성년후견인 제도 등에서도 후견 감독인을 두는 것처럼 외부 감시 감독을 받게 하는 부분도 필요하다.

> 생태법인 제도가 현실화한다면 우리 사회는 어떻게 바뀔까?

인도에서는 강에 쓰레기를 버리고 더럽히는 행위를 상해죄로 취급한다. 제주 바다에서도 같은 일이 일어난다고 생각하면 쉽겠다. 돌고래 서식지 주변의 선박 관광을 두고 어디까지가 문제이며 어떻게 규제할 것인가 길게 논의하는 것이 아니라 주거침입 등으로 다루게 될 수도 있다. 함께 살기 위해 인간이 해야 할 것, 멈춰야 할 것을 비인간이 법적 주체가 되어 직접 이야기하게 되는 것이다.

> 돌고래 관광 보트들 때문에 아직도 다치는 돌고래들이 있다고 해!

©사진: 김도희 변호사

FORESIGHT 지구인의 의무

아직 동물에 생태법인 제도를 적용한 사례는 없다. 만약 제주도에서 생태법인이 현실화한다면 우리가 세계 최초인 만큼 더 많은 논의와 사회적 합의가 필요할 것이다. 생태 관광의 관점에서 제주도는 더욱 주목받을 기회를 얻게 되겠지만, 한편으로는 개발이나 관광 산업의 영역에서 손해는 보는 사람들도 생겨날 수밖에 없다. 논쟁이 불가피할 것이라는 얘기다. 다만, 이 논의의 출발선으로 다시 거슬러 올라가 보면, 우리가 지구생활자로서 기여는 고사하고 책임이라도 다하고 있는지 묻게 된다. 식민주의와 노예제를 비판할 줄 아는 이성이라면, 동료 지구생활자를 대하는 태도에 관해서도 이제는 판단을 내려야 할 때이다. ⓣ

 더 많은 이야기는 북저널리즘 라디오에서 만나요!

소셜 네트워크 서비스 '텀블러(Tumblr)'가 콘텐츠 규제를 위한
커뮤니티 레이블(community labels)을 도입한다. 소셜 미디어의
시대이지만 그동안의 콘텐츠 규제에는 충분한 숙고가 없었다. 권력과
유착된 검열을 막기 위해 미래의 소셜 미디어에는 무엇이 필요할까?
__ 김혜림 에디터

소셜 네트워크 서비스인 텀블러가 지난 9월 26일 새로운 콘텐츠 규제 방안을 내놨다. 사용자는 게시물을 만들거나 편집할 때 성인(Mature), 중독(Drug and Alcohol Addiction), 폭력(Violence), 성적 테마(Sexual Themes), 네 가지 레이블 중 하나를 선택할 수 있다. 자신의 게시물이 모두에게 노출되는 것이 적절치 않다고 판단하면 레이블을 적용한다. 사용자는 자신의 계정 설정에서 어떠한 레이블의 콘텐츠를 숨길지 결정할 수 있다. 레이블이 없는 콘텐츠의 경우 사용자가 텀블러 측에 심사를 요청할 수 있고, 크리에이터는 심사에 이의를 제기할 수 있다. 텀블러 측은 레이블링을 통해 모든 이들이 안전하고 개방적으로 플랫폼을 이용할 수 있도록 하겠다고 밝혔다.

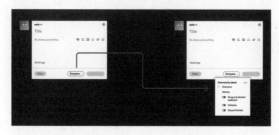

©사진: jean wimmerlin

BACKGROUND 2018년

한국의 방송통신심의위원회가 요청한 자율 심의 준수에도 꿈쩍 않던 텀블러가 본격적인 콘텐츠, 계정 삭제에 들어선 것은 2018년 애플 앱 스토어의 규제 때문이었다. 지속되는 음란물 이슈로 인해 2018년

11월 텀블러는 모든 국가의 앱 스토어에서 사라졌다. 애플의 강경책 이후 텀블러는 알고리즘 등을 적용해 유해 콘텐츠를 삭제하고 계정을 정지하겠다는 방침을 밝혔고, 한 달 후 다시 앱 스토어에 들어올 수 있었다.

KEYPLAYER 맷 멀런웨그

텀블러의 콘텐츠 삭제는 기존 유저의 적잖은 반발을 불렀다. 2019년 '오토매틱(Automatic)'은 텀블러를 인수한다. 오토매틱의 CEO 맷 멀런웨그(Matt Mullenweg)는 2003년, 누구나 웹사이트를 만들 수 있도록 하는 도구인 '워드프레스'를 개발했다. 텀블러 인수 당시 인터뷰에서 맷은 "텀블러가 언론과 표현의 자유를 지향하는 오토매틱의 가치와 일치한다"고 말했다. 텀블러의 크리에이터 레이블은 그저 콘텐츠를 삭제하고 통보하는 것이 아닌, 더 나은 규제 방식을 고민한 결과였다.

CONFLICT 아랍의 봄

2010년 찾아온 아랍의 봄에 소셜 미디어는 적잖은 힘을 보탰다. 시위를 알리고 확산하기에 소셜 미디어가 더 없이 좋은 대안이었기 때문이다. 튀니지 혁명을 통해 소셜 미디어의 힘을 실감한 이집트 정부는 이집트 혁명이 시작된 지 사흘 만에 인터넷 연결을 차단했다. 아랍의 봄은 소셜 미디어가 더 이상 일상을 공유하는 가벼운 플랫폼이 아님을 상기시켰다. 실리콘밸리 기업의 입장에서 아랍의 봄은 소셜 미디어의 힘을 실감하게 하는 사건이기도 했지만, 동시에 몇몇의 콘텐츠는 보이지 않게 하는 것이 기업 입장에서 이득이라는 판단을 불러오기도

했다. 소셜 미디어는 아랍의 봄을 두고 새로운 플랫폼이 보장하는
자유와 권리를 외쳤지만 그러한 외침에 내실은 없었다. 테러와 혁명,
포르노와 재현 사이를 구분하기는 까다로웠다.

RISK 쟁점

• 테러와 혁명 ; 독재에 저항하는 과정에서 사용되는 소셜 미디어는
두 가지 의미다. 권력층에게는 테러의 전초지로, 혁명군에게는 소식을
전하는 비둘기가 된다. 하나의 움직임이 테러인지, 혁명인지는
사후적으로 정의된다. 그러나 정의 이전부터 몇몇의 사건은 소셜
미디어의 정책으로 인해 중단됐다. 이집트 혁명의 인터넷 폐쇄는
2022년 이란에서 같은 모습으로 재현됐다. 권력층은 소셜 미디어를
정부 비판적인 인사를 트래킹하는 수단으로 사용하기도 했다.

• 포르노와 재현 ; 페이스북의 커뮤니티 규정에 따르면 "나체 이미지
또는 성적으로 선정적인 콘텐츠"는 규제 대상이다. 그러나 이 역시
악의적 신고(flagging)의 대상이 됐다. 진행자 겸 작가인 리처드
메츠거(Richard Metzger)는 두 남성이 입을 맞추는 한 TV 연속극의
장면을 캡처해 페이스북에 공유했다가 동성애 혐오주의자에게 신고
당했다. 해당 게시글은 '선정적 콘텐츠의 게시를 금지한다'는 짧은
고지와 함께 삭제됐다. 충분한 시대적 합의를 통해 만들어져야 하는
논의들은 시작되기도 전에 몇 줄의 커뮤니티 규정에 의해 사라진다.

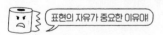
표현의 자유가 중요한 이유야!

REFERENCE 폰허브

지난 9월 29일, 포르노 스트리밍 사이트인 '폰허브(Pornhub)'의
인스타그램 계정이 영구 삭제됐다. 인스타그램은 폰허브가
반복적으로 커뮤니티 지침을 위반했다고 밝혔다. 폰허브는 메타에
보낸 공개서한을 통해 인스타그램의 플랫폼 규제가 "불투명하고
차별적이며 위선적"이라고 규탄했다. 폰허브의 피드에는 포르노
스타와 제작자들의 일상과 회사 생활이 업로드 됐다. 한편으로 2018년
규제 이전의 텀블러는 많은 성소수자들이 네트워킹을 통해 커뮤니티를
구축할 수 있는 장소였다. 앱스토어의 정책으로 인해 일어난 대규모
검열 이후 텀블러의 성소수자 커뮤니티는 해체됐다.

> 더 자세한 이야기는 책
> 《보호받고 있다는 착각》에서 읽을 수 있어

RECIPE 게으른 외주

• 저렴한 노동 ; 어느 시대든 테러와 혁명, 포르노와 재현은 쉽게
구분되지 않았다. 기업화되는 소셜 미디어의 타개책은 몇 줄의
커뮤니티 규정과 저렴한 인력이었다. 사용자가 다른 사용자의 게시물을
신고하면 제3세계 출신의 노동자는 근무 시간 내내 신고당한 콘텐츠를
본다. 더 버지의 취재에 따르면 페이스북의 직원들이 3억 원을 버는
동안 커뮤니티 규정에 따라 콘텐츠를 검수하는 이들은 4000만 원을
번다. 근무자들은 PTSD를 호소하고 정해진 시간에만 화장실에 들른다.
한편으로는 유럽이나 미국 등의 제1세계와 관련해 발생한 문제가
우선적으로 처리된다.

• AI의 검열 ; 인공지능과 알고리즘은 학습한 빅데이터를 통해 수많은

이미지와 영상에 대응할 수 있다. 그 과정에서 다양한 맥락들은 일차적으로 걸러진다. 폭탄을 피해 도망치는 나체의 아이는 '나체 이미지'로 걸러질 수 있다. 그러나 알고리즘의 입장에서 퓰리처 역사상 가장 많은 논쟁을 불렀던 케빈 카터의 '수단, 아이를 기다리는 게임'은 논쟁의 여지조차 감지되지 않는다. 대부분의 소셜 미디어가 인공지능을 통해 콘텐츠를 검열하는 세상에서 맥락은 사소한 문제가 된다. 내전과 학살의 맥락을 알지 못하는 이들에게 피가 낭자한 동영상은 그저 잔인한 콘텐츠에 지나지 않는다.

INSIGHT 몇 줄짜리 법전

미국의 작가 윌리엄 버로스의 문제적인 소설 《네이키드 런치》는 1959년 출판된 네이키드 런치는 외설과 마약 중독 조장 등의 문제로 런던, 보스턴 등지에서 금지됐다. 1965년 보스턴에서 열린 재판에서 미국의 작가 노먼 메일러(Norman Mailer)는 《네이키드 런치》에 대한 평가를 인용했다. "이러한 기록으로 인해 우리는 보다 윤택해질 수 있다. 출판업자가 이 기록을 출판하고 공개된 서점에서 합법적으로 팔 수 있을 때 우리는 보다 깊은 인상을 남길 수 있다." 1966년 메사추세츠 주 법원은 원심을 파기했고 《네이키드 런치》는 비로소 합법적인 작품이 됐다. 때때로 콘텐츠 규제는 당연해 보인다. 그러나 지금 대부분의 소셜 미디어들에게 법은 없고 판례는 선례로 남지 않는다. 플랫폼 자체가 하나의 판사가 됐고 모호한 몇 줄의 규정에서 몇몇은 충분한 숙고 없이 사라진다.

 세상에는 모두가 모여 생각할 수 있는 광장이 필요해

ⓒ사진: Christopher Felver

FORESIGHT 대안들

검열은 권력과 가깝다. 그래서 무엇보다 신중해야 한다. 신중함을
뒷받침해줄 대안으로서 플랫폼의 커뮤니티 규정을 명확히 하고 규제를
감시할 수 있는 독립 기구 마련을 생각해볼 수 있다. 이 경우 인종적,
국가적, 젠더적 다양성을 고려할 수 있을 것이다. 그럼에도 역시 중요한
것은 수용자다. 플랫폼이 이미 판사가 됐다면 판사의 결정에 쉽게
항소할 수 있는 시스템이 필요하다. 그를 위해서는 투명한 프로세스
공개와 제재가 필요하다. 맷 멀런웨그는 텀블러의 커뮤니티 레이블이
모두의 자유로운 표현을 위한 첫 번째 단계라고 밝혔다. 표현의 자유는
모든 표현의 선함을 보장하는 개념이 아닌, 권력에 대항할 수 있는
시민의 기본권이다. 게으르고 간단하게 자본과 얽힌 기본권의 문제를
해결할 수는 없다. 지금껏 그래온 적도, 그럴 수 있었던 적도 없었다. ⓣ

더 많은 이야기는 북저널리즘 라디오에서 만나요!

세계 정치 무대의 여성 리더십이 달라지고 있다. 유럽의 이목을
집중시킨 이들은 지금, 우파 포퓰리즘의 새로운 얼굴이다. 지금껏 현대
정치를 수놓은 여성 지도자들은 늘 새로운 가능성을 제시해 왔다. 최근
경제 위기 속에 탄생한 우파 포퓰리즘의 새로운 얼굴은 모두 여성이다.
정치 극단화 속에 여성 리더십의 대표성과 가치는 지켜질 수 있을
것인가. __ 이현구 에디터

호주 최초이자 아직까지 유일한 여성 총리 줄리아 길라드(Julia Gillard)는 2010년에 당선됐다. 당시 여론은 그의 정치 비전이 아닌 그의 사적 영역에 관심이 높았고, 언론은 이에 맞춰 성차별적 가십을 쏟아냈다. 한국 언론도 예외가 아니었다. 같은 노동당의 케빈 러드 전 총리에게 향하던 정치 공세도 길라드를 향할 땐 여성 혐오의 서사가 덧씌워졌다. 토스카 루비 감독의 영화 〈강력한 여성 지도자(Strong Female Lead)〉는 이 과정을 상세히 그리고 있다. 그러나 그는 약 3년의 짧은 재임 동안 그야말로 '일하는 정부'로서의 면모를 유감없이 보였다. 교육 투자 및 장애인 지원, 탄소 가격 책정 등 무려 570개의 법안을 상원에서 통과시켰다. 2012년, 의회에서 15분간 발언한 '여성 혐오에 관한 연설'은 그에게 국제적 명성을 안기며 그를 세계 여성 정치인들의 영원한 롤모델로 만들었다. 세계 정치의 여성 리더십은 우리에게 때로는 앙겔라 메르켈 전 독일 총리 같은 중량감과 포용으로, 마그달레나 안데르손 스웨덴 총리 같은 추진력으로, 차이잉원 대만 총통과 같은 강직함으로 다가왔다. 그러나 최근 한 여성 지도자의 탄생은 여권(女權) 후퇴와 함께 유럽의 결속에 대한 우려를 불러일으키고 있다.

이탈리아의 '최초 여성 총리'지만 그 상징성은 묻혔다. '여자 무솔리니',
'유럽에서 가장 위험한 여인' 등 언론의 수사(修辭)는 극단적이다.
그는 바로 이탈리아의 조르자 멜로니(Giorgia Meloni) '이탈리아의
형제들(Fdl·Fratelli d'Italia)' 대표. 지난 9월 25일에 열린 이탈리아
총선에서 우파 연합이 상·하 양원 과반을 확보하며 우파 연합 제1당
대표로서 차기 총리의 자리를 굳혔다. 이탈리아로서는 무솔리니
이후 79년 만에 맞는 극우 성향의 지도자다. 그의 정치 데뷔는
'국가파시스트당(PNF·Partito Nazionale Fascista)'을 전신으로 하는
'이탈리아 사회운동당(MSI·Movimento Sociale Italiano)'이다. 무려
15세에 가입하기 시작해 중도 우파 '전진 이탈리아(FII·Forza Italia)'의
실비오 베를루스코니 내각에서 최연소로 청년부 장관을 지냈다.
2012년에 그는 지금의 Fdl당을 창당했는데 주요 정책은 불법 이민 반대,
국경 강화, 동성 결혼 및 동성혼 육아 반대, '정상가족' 개념 지지 등이다.

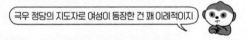

극우 정당의 지도자로 여성이 등장한 건 꽤 이례적이지

CONFLICT Sono una donna..!

"저는 여자이고, 엄마이고, 이탈리아인이고, 크리스천입니다."
2019년 10월 그가 동성 육아에 반대하는 집회에서 한 연설은 절묘한
리듬감으로 인해 리믹스로 재탄생했다. 멜로니는 경제적으로 어려운
미혼모 가정에서 자란 미혼모이자 워킹 맘이지만 이에 대한 대표성을
기대하는 이는 적다. 이탈리아 여성계는 우려의 목소리를 내고 있다.
특히 예술계의 반발이 크다. 성 소수자 인권을 중시하지 않고 낙태에도

부정적이었던 그의 과거 발언들 때문이다. 그는 총선 선거 운동 과정에서 이탈리아 북부 피아첸차시에서 발생한 이주자 성폭행 사건 영상을 자신의 소셜 미디어에 게재했다가 역풍을 부르기도 했다. 반이민 선전과 더불어 성폭력에 대한 비판을 위해서였지만 동시에 2차 가해였기 때문이다.

©사진: Meg Jerrard 유튜브

EFFECT 위기의 유럽연합?

극우 정당의 득세는 세계, 특히 유럽의 긴장 수위를 올린다. 굵직한 전쟁이 벌어지고 있는 지금은 더 그렇다. 영국 일간지 《가디언》은 "유럽이 숨을 멈추고 있다"고 표현했다. 러시아 등에 자칫 유럽의 균열을 예고하는 것으로 비칠 수 있기 때문이다. 멜로니의 이탈리아는 유럽연합(EU)을 흔들 것인가? 우려와 달리 EU에 대한 멜로니의 입장은 중립적이다. 러시아에 대해서도 일단은 부정적이다. 우려를 의식한 듯 그는 현지시간 9월 27일 밤 트위터에 볼로디미르 젤렌스키 우크라이나 대통령에게 전폭적 지원을 약속하는 트윗을 남겼다. 정치적로는 대립하지만 마리오 드라기 이탈리아 총리가 우크라이나를 향한 무기 지원을 결정했을 때도 이를 지지했다. 우려되는 지점이 없는 건 아니다. 함께 우파 연합을 구성하는 지도자들은 친러, 친푸틴으로 분류된다. 앞서 언급한 베를루스코니와 '동맹(Lega)'의 마테오 실비니 대표가 그렇다. 이들은 차기 내각에서 중용될 가능성이 커 EU에 부담을 안길 수 있다. 740만 명에 달하는 우크라이나 전쟁의 난민 문제, 우크라이나를 향한 경제적 지원, 유로존의 결속에 있어, EU 국가들이 이탈리아에 의심의 눈초리를 거두지 않는 이유다.

ANALYSIS 극우 포퓰리즘의 생존법

• 멜로니를 향한 EU의 시선이 기우가 아닌 이유가 있다. 멜로니의 노선 정리는 최근 정계에서 득세하는 우익 포퓰리즘의 전략에 가깝기 때문이다. 지난 프랑스 대선에서 에마뉘엘 마크롱 대통령과 초접전을 벌인 극우 정당 '국민연합(RN)'의 마린 르 펜 대표와도 맞아떨어진다.

• 르 펜은 대선을 앞두고 공개 석상의 발언에서 블라디미르 푸틴 러시아 대통령과 거리를 뒀다. RN보다 더 극단적인 우파 포퓰리즘 정당 '재정복!(Reconquête!)'의 당수 에릭 제무르가 푸틴 리스크로 침몰하는 걸 봤기 때문이다.

• EU 탈퇴에 가까웠던 기존 입장도 'EU 개혁'으로 선회했다. 장외에 있을 땐 여타 반이민 정당에 가까운 당론을 제시하다가도, 정권 창출이 가능할 것 같으면 유럽의 '색깔론'에 해당하는 국제 이슈는 모호성을 띠는 것, 그리고는 민생 이슈로 소구되는 '감세 정책'을 내세우는 것이 지금 유럽 포퓰리즘의 생존 전략이다.

• 실제 FdI의 집권에 유럽 각국의 극우 정당들은 환영 인사를 보내고 있고, FdI은 유럽의 우파 정당 연합인 '유럽 보수와

개혁(ECR·European Conservatives and Reformists)'에 소속된
'스웨덴민주당(SD)', 폴란드의 '법과정의당(PiS)', 스페인의
'복스(VOX)당' 등 극우 정당과 여전히 연대 중이다.

교묘하다 교묘해~

KEYPLAYER2 리즈 트러스

르 펜, 멜로니에 이어 영국에서도 여성이 우파의 새 얼굴이 됐다.
현지시간 9월 6일 보리스 존슨 전 영국 총리의 뒤를 이어 영국의
78대 총리가 됐던 리즈 트러스(Liz Truss)다. 언론은 보수적 색채가
짙은 그를 '제2의 마거릿 대처'로 불렀다. 트러스는 독특한 인물이다.
반(反)대처 성향이던 학창 시절을 지나 보수당에서 데뷔했고 교육
장관, 환경 장관, 법무 장관, 재무 장관을 거치며 정치 이력을 골고루
쌓았다. 존슨 전 총리가 사임하며 당시 재무부 장관이었던 리시 수낙과
경선 결선을 벌였는데, 결국 보수당 당수가 됐다. 자신을 '정통 보수'로
소개한 트러스는 극우 성향은 아니지만 우파 포퓰리즘의 일부 문법을
답습했다. 그는 부유층 감세, 에너지 가격 상한제, 우크라이나 전쟁
지원 등의 의제로 수낙 전 장관을 눌렀다. 우려는 현실이 됐다. 임기
시작부터 세계 경제를 충격에 빠뜨린 감세 정책을 발표한 것이다.

©사진: Simon Dawson, OGL 3.

트러스 내각은 'Mini Budget'이라 불리는 대규모 감세안을 발표했는데 1972년 이후 가장 파격적인 감세안이었다. 전체 감세 규모가 약 450억 파운드(70조 원)에 이른다. 당시 영국 신임 재무장관이던 쿼지 콰텡은 감세를 통해 2.5퍼센트의 성장을 달성하겠다고 밝혔다. 이뿐만 아니다. 에너지 부문에서 6개월간 600억 파운드를 지출하는 대규모 지출안을 함께 발표했는데 재원으로 영국의 국채인 '길트(gilt)'가 거론되기도 했다. 즉, 감세와 차입으로 성장을 유도하려는 경기 부양책을 선택한 것이다. 감세 정책의 주요 골자는 다음과 같다.

• 2023년 4월부터 소득세율 19퍼센트로 1퍼센트포인트 인하.

• 2023년 4월부터 고소득자에 적용되는 소득세 최고 세율 40퍼센트로 5퍼센트포인트 인하.

• 주택 구입 시, 부동산 인지세 부과 기준 상향.

• 법인세 25퍼센트로 인상하려는 계획 폐지 후 현행 19퍼센트로 유지.

• 영국 노동자들에게 지난 4월부터 부과된 국민보험료 1.25퍼센트 추가 인상 분 올 11월 6일부터 폐지.

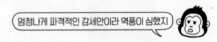

엄청나게 파격적인 감세안이라 역풍이 심했지

멜로니와 트러스, 세계 무대에서 이제껏 보아 온 여성 리더들과는 사뭇 다른 두 여성 지도자는 새로운 리더십으로 자국과 유럽을 구할 수 있을까? 이들을 가로막은 것은 돈이다.

• 이탈리아 ; EU의 이단아가 될지 모를 이탈리아지만 당장 독자 행동을 하긴 어렵다. EU가 코로나19로 타격을 입은 회원국을 위해 마련한 7500억 유로 규모의 '경제 회복 기금' 때문이다. 이탈리아는 유럽에서 코로나19 피해가 가장 큰 나라 중 하나다. 경제 지원이 절실한데, 이 경제 회복 기금 중 무려 약 2000억 유로(276조 원)가 이탈리아에 배정됐다. 문제는 이 기금이 2026년까지 이탈리아에 분할 지급된다는 점이다. 국가 부채 비율이 국내 총 생산(GDP)의 150퍼센트에 달하는 이탈리아는 EU의 개혁 조치로부터 자유로울 수 없다. 우경화에 대한 우려는 줄어들지만 EU의 압박 수위에 따라 멜로니 내각의 입장은 언제든 변할 수 있다.

• 영국 ; 영국의 경제 상황은 심각하다. 지난 8월 영국의 소비자 물가 상승률은 9.9퍼센트를 기록하며 40년만에 가장 가파르게 상승했다. 영국 중앙 은행인 잉글랜드은행(BOE)은 인플레이션으로 신음하는 다른 국가와 마찬가지로 빅스텝을 밟는 등 금리 인상에 주력하고 있다. 그런데 오히려 정부는 돈을 풀겠다는 신호를 보냈다. 재정 정책과 통화 정책이 불협화음을 낸 것이다. 파운드화 가치는 브렉시트 이후 계속 떨어지고 있고 영국의 국채 금리는 급격한 매도로 인해 현지시간 9월 27일 기준 5퍼센트를 돌파하는 등 가격이 폭락하고 있는데 트러스 내각의 감세안·지출안은 여기에 불을 지핀 꼴이 됐다.

국제통화기금(IMF)은 현지시간 9월 28일 트러스 내각의 정책이 인플레이션과 불평등을 부추긴다고 경고하기도 했다. 정부의 신뢰도가 감소하고 재정 건정성에 의구심이 제기되자 트러스는 현지시간 10월 14일 콰텡 재무장관을 전격 경질했다. 그러나 결국 트러스 자신도 역풍을 피하지 못했다. 보수당 내에서 불신임 투표 움직임을 보이자 같은 달 20일, 사임을 표명한 것이다. 그는 44일 만에 총리직을 사임한 영국 최단명 총리가 됐다. 영국의 여론 조사 기관 유고브(YouGov)에 따르면 사임 전 실시된 여론 조사에서 트러스에 대한 부정 여론은 무려 80퍼센트에 달했다.

대대적으로 감세안 조정에 들어갔다고 하네

INSIGHT 위기의 리더십

세계 정치 무대의 현대 여성 지도자들은 늘 새로운 가능성을 제시해 왔다. 성장 일변도의 신자유주의 속에서 외면당하던 기후 위기와 불평등, 다양성 등의 의제를 수면 위로 끌어올렸다. 이는 글로벌 거버넌스가 실종된 21세기에 많은 국가가 국제적으로 협력을 도모해 볼 만한 쟁점들이다. 그러나 르 펜, 트러스, 멜로니로 이어지는 최근의 유럽 여성 정치 지도자들은 우파 포퓰리즘의 얼굴로 나타나고 있다. 여성 리더십의 대표성과 가치는 우파 포퓰리즘 안에서 쉽게 훼손될 수 있다. 여성 지도자의 탄생이 세계의 후퇴를 의미해서는 안 되는 이유다. 이들은 녹록지 않은 경제 위기에 직면해 있지만 분열하는 세계에 필요한 포용적 의제는 위기의 리더십에서 나오지 않는다.

극우 포퓰리즘은 약한 고리를 파고든다. 실제 이들 정당의 의제가
실제 표를 준 모두에게 소구된 것은 아니다. 이탈리아를 포함한 많은
유럽의 의원내각제 국가들은 정강·정책이 아닌 기술 관료 중심으로
구성된 '테크노크라트 내각(Governo Tecnico)'의 성격 때문에 정치
공학이 강조된다. 상대적으로 극우 정당이 득세하기 쉬운 것이다.
게다가 멜로니는 경제통임을 자랑하던 드라기 총리가 이탈리아
경제를 수습하지 못한 것의 수혜를 입었다. 트러스의 경우처럼 그
역시 이탈리아의 경제 위기가 당선에 호재로 작용했다. 가장 주효했던
것은 기존 정치인이 아닌 새로운 얼굴을 바라는 국민의 염원이다.

《폴리티코》유럽판의 한 논평은 항상 민주당(PD)에 투표해 오던 진보
성향 지역 '레드 벨트'의 주민들이 멜로니에 표를 준 이유를 밝힌다.
"그들은 더 이상 서민과 노동자에 관심을 기울이지 않"으며 "기성
정당에 대한 신뢰를 잃었기 때문"이라는 것이다. 기성 정치가 포섭하지
못한 사회적 약자들은 쉽게 극단화되거나 새로운 얼굴을 찾게 된다.
지금의 유럽 상황을 보면 그 새로운 얼굴은 또 다른 여성 정치인이 될
가능성이 크다. 신자유주의에 대한 맹신은 결국 트러스를 끌어내렸다.
감세 정책의 레퍼런스가 몰락한 지금, 멜로니의 이탈리아는 더욱
가혹한 도전을 맞닥뜨리게 됐다. ❼

톡스에서 내 일과 삶을 변화시킬 레퍼런스를 발견해 보세요.
사물을 다르게 보고 다르게 생각하고 세상에 없던 걸 만들어 내는
혁신가를 인터뷰했어요.

GPT3가 저널을 쓰고, 구글 딥드림이 그림을 그린다. 일상 속 모든 영역에 AI가 침투하는 오늘날, 사람과 AI가 함께 글을 쓴다는 것은 어떤 의미일까? 인간의 상상력을 뛰어넘는 기계 창작물이 나오는 시대에 우리는 어떤 준비를 할 수 있을까? AI 기반 작문 보조 서비스를 제공하는 뤼튼테크놀로지스 이세영 대표, 제성원 이사의 이야기를 들어보자. __ 이다혜 에디터

두 분의 배경이 특이하다. 한 분은 문헌 정보학을, 한 분은 영상을 공부하셨던데.

이세영 대표(이): 고등학생 때부터 작문 대회를 8년간 운영했다. 처음엔 '내가 재밌어하는 분야를 글로 표현하는 일들을 더 많이 해보자'라는 생각이었다. 학부에서 문헌 정보학을 택한 것도 텍스트에 대한 관심과 애정 때문일 듯하다. 대학에 가서도 기존 학술 대회를 이어갔는데, 종래에 1만여 명의 학생들이 참여하는 아시아 최대 규모의 작문 컨퍼런스 형태로 발전했다. 그러다 코로나19의 영향으로 DT 사회로 접어들고, GPT3와 같은 인공지능이 등장하는 것을 보며 작문 영역에서도 인간의 코칭을 넘어 기계가 도움을 줄 수 있겠단 생각이 들었다.

제성원 이사(제): 영상 업계에서 7년간 일했다. 고등학교 때 혼자 디자인을 공부하고 19살 때부터 그래픽 디자인, 방송 디자인 감독 등 여러 실무를 했다. 그러다 이세영 대표가 주최한 컨퍼런스를 알게 됐는데 내가 평소에 창작에 대해 갖고 있던 가치관과 잘 맞았다. 글도 영상도 결국 표현이며, 청소년들이 생각을 표현할 수 있도록 돕는다는 가치가 좋았다. '내가 이 프로젝트에 무엇이라도 도울 수 없을까'란 생각에 무작정 콜드 메일을 보내 2017년부터 본업과 병행하며 봉사했다. 이후 2021년 창업하기까지 4년간 쌓아온 팀워크를 바탕으로 이 대표와 공동 창업을 결심했다.

처음 사업 모델의 초점이 '글쓰기'보단 '교육'이었던 것인가.

이: 그렇다. 초기 모델을 본격적으로 시작한 것이 2021년

4월, 코로나19의 영향으로 대면 모임이 어렵던 때다.
한국청소년학술대회(KSCY) 개발자분들의 도움으로 온라인 컨퍼런스
플랫폼을 만들어 기존 오프라인 학술 대회를 온라인 공간에서
새롭게 진행했다. 말하자면 오프라인 모임에서 온라인 툴로의 전환을
기획했다.

뤼튼테크놀로지스의 시작이 된 '한국청소년학술대회'의 컨퍼런스. ©사진: 뤼튼 카피라이팅

초기 모델엔 인공지능의 개입이 없었다고 들었다.

이: 처음엔 구글 독스, 줌과 같은 일반적인 툴로 강의를 진행했다. 교육
영역의 글쓰기에 특화된 툴을 만드는 게 당시의 목표였다. 그런데 더
다양한 영역의 글쓰기에 도움을 주기 위해서는 세밀한 자연어 처리
기술이 필요하다는 걸 알게 됐다. 머신 러닝 전문 엔지니어분들도
합류하며 인공지능 기술을 제품에 녹이기 시작했다.

인공지능을 도입하며 서비스가 어떻게 달라졌나? 네이버

클로바스튜디오와의 협업 과정이 궁금하다.

이: 우선 네이버가 제공하는 것은 초거대 AI 모델이다. 기존 AI는
모수가 적은 만큼 특정 태스크만 진행할 수 있었다. 그런데 한 모델에
정말 많은 텍스트 데이터를 학습시켜 보니 훨씬 다양한 기능들이
발현되기 시작한 거다. 예컨대 추론의 영역도 생기고, 창작의 영역도
생기고, 분류나 번역 기능도 생겼다. 그게 초거대 AI다. 마치 진짜
사람처럼 사고하고 표현하는 언어 능력을 갖췄다. 그 모델을 개발하는
개발사이자 클라우드가 네이버라면, 그걸 서비스하는 플랫폼이 우리인
것이다.

**그렇게 해서 선보인 것이 지금의 '뤼튼 카피라이팅'과 '뤼튼
트레이닝'인가.**

제: 뤼튼의 핵심 서비스는 그 두 가지다. 뤼튼 카피라이팅은 글쓰기로
인해 피로감을 느끼는 분들, 제품 홍보 문구를 하루 종일 고민하는
분들을 위해 만들었다. 제품 소개, 이메일, 블로그 등 카테고리별
설정이 가능하다. 제품명과 간단한 키워드 몇 가지만 입력하면 그에
어울리는 홍보글을 무한 생성해 준다.

**당장의 매출 성과가 지표로 드러나야 하는 직군들에게
요긴하겠다.**

이: 홍보까지 신경 쓸 여유가 없는 자영업자분들, 반복적인 글을 쓰다
창의성의 한계에 직면한 분들에 해당한다. 또 리소스가 부족한 회사의
생산성도 높일 수 있다. 인하우스 마케터나 프리랜서 마케터, 혹은 그

인력을 채용하기 어려운 스타트업 등에서 요긴히 쓰이면 좋겠다.

<u>이용자들의 반응이 궁금하다.</u>

제: '이런 표현은 생각도 못했는데!'와 같은 느낌표가 자주 머릿속에 뜬다고 한다. (웃음)

이: 특정 정보 값을 입력했을 때 홍보 문구를 무한 생성하는 것을 신기하게 생각하신다. 여러 개 문구 중 원하는 것을 선택해서, 혹은 필요한 부분만 취합해서 쓸 수 있는 것이 장점이다. 다만 본인의 생각을 완전하게 반영하진 않는다는 아쉬움도 말해 주셨다.

<u>최근 출시한 '뤼튼 트레이닝'은 카피라이팅과는 완전히 다른 영역으로 보인다.</u>

이: 주장하는 글쓰기를 위한 작문 보조 도구다. 간단히 설명하자면 주장-이유-사례-결론 4단계에 맞춰 AI가 질문을 던진다. 그에 대한 답을 쓰면 한 줄짜리 주장이 한 편의 글로 완성되는 형식이다. 뤼튼 카피라이팅의 핵심은 생산성인 반면, 뤼튼 트레이닝은 글 쓰는 과정 자체를 경험해 보는 것이다.

<u>주로 청소년들이 사용하나?</u>

이: 청소년분들보다는 이 툴을 수업에 활용하시는 교사분들이 많다. 학생들의 생각이 가닿지 못했던 영역에 질문을 제시한다는 점을 좋게 평가해 주신다.

뿌듯하겠다. 누군가의 생각을 눈에 보이는 결과물로 만들어 주는 과정 아닌가.

제: 물론이다. 유저분들이 처음 입력한 한 줄과, 최종적으로 완성한 퇴고를 비교해 볼 때 가장 기쁘다. 본인의 생각을 글로 풀어낸다는 것이 얼마나 어려운 일인지 알기 때문에 시작한 서비스다. 뤼튼 팀 내부에서도 주기적으로 글쓰기 챌린지를 진행하는 것도 그 이유다. 최근 본 영화에 대한 감상평, 본인이 전공한 학과의 전문 용어를 설명하는 글을 써서 서로 공유한다. 직접 써봐야 무엇이, 어느 단계가 가장 어려운지 파악할 수 있다.

한편으론 이런 생각도 든다. 좋은 글은 치열한 고민의 과정에서 나오기 마련인데, 뤼튼 툴은 그 사고의 과정을 생략하는 것 아닌가?

제: 그래서 우리가 늘 신경 쓰는 것이 인공지능이 던지는 질문의 말투나 방향성이다. "이렇게도 생각해 봤어요?", "이런 주장이 있는데 어떻게 생각하세요?" 미묘한 어투의 차이를 통해 정답이 아닌 가능성을 제시하려 한다. 초기 모델에선 AI가 적극적으로 개입하는 형태였는데 이젠 유저가 '도움받기' 버튼을 클릭해서 보는 구조로 바꿨다. 생각을 가두지 않도록 최소한의 개입을 지향한다.

이: 온전히 내 힘으로 글을 쓰는 것이 이상적이라는 점에는 동의한다. 그런데 그게 정말 어렵다. 사람은 내 글이 완벽해야 한다고 생각하기 때문이다. 글의 구조나 문장, 논리 등에 자신감이 없어서 조금 쓰다가 다음 단계로 넘어가지 못한다. 컨퍼런스를 통해 수많은 학생을 만나며

느꼈다. 누군가와 대화하고, 질문을 주고받으며 반박이나 공감을 해볼 때 글이 써지기 시작한다. '매일 15분 글쓰기'를 강조하는 것도 그 때문이다. 길게 쓸 필요도, 완벽할 필요도 없다. 글에서 가장 중요한 것은 끝까지 써보는 경험이며, 쉽게 글을 써 보는 여정을 반복적으로 제공하는 것이 뤼튼의 목표다.

> 'AI 작문 보조 툴'이라는 시장 자체를 처음 열어가는 중이다. 그만큼 고민도 크겠는데.

이: 글쓰기는 너무나도 본질적인 행동이다. 생각을 글로 표현해 전달하는 것은 매우 자연스럽고, 빈번하게 일어나고, 각 상황에 따라 그 형태와 결이 천차만별이다. 가짓수가 많다는 뜻이다. 주장하는 글쓰기뿐 아니라 사업 기획안, 요리 레시피, 발표 자료 등 다양한 글 각각에 핏하게 적용될 툴을 만드는 것이 어렵다. 다양한 페인 포인트를 한 번에 해결하는 것은 어렵겠지만 더 넓은 영역의 작문 동반자로 나아가려 한다.

> 윤리적 문제 또한 인공지능 서비스에 대해 자주 지적된다. 확증 편향, 차별 발언 등에 있어 뤼튼 팀은 어떤 솔루션을 준비하는가.

이: 우선 제품을 처음 제작하는 단계에서부터 윤리적 문제들을 고민하고자 한다. 기술적인 대비 외 유저 경험 단계에서도 UI, UX 개선 등으로 AI 윤리 문제를 방지할 수 있는 방법을 개발 중이다. 또 지난달엔 과학기술정보통신부와의 협력으로 'AI 윤리 점검표'를 만들어 현재 발표를 앞둔 상황이다. 좋은 기술은 부작용을 소거할 때 완성된다는 것을 아는 만큼, AI 윤리 문제는 기술적으로도

정책적으로도 해결을 위해 노력하겠다.

새롭게 준비 중인 서비스가 있다면?

제: 10월 중순부터 서비스를 정식 출시해 오픈 베타로 운영하고 있다. 일정 횟수 무료로 사용도 가능하다. 글쓰기가 필요한 다양한 영역에 적용할 수 있는 툴을 출시할 계획이고, 서비스 이름도 그래서 카피라이팅에 한정되지 않은 '뤼튼'이다. 시스템적으로는 훨씬 심플한 앱을 만들고 싶다. 검토하고 선택하는 과정, 즉 퍼널(funnel)을 줄이는 것이다.

카피라이팅 서비스는 이미 충분히 심플해 보였는데. 여기서 더 간소화가 가능한가?

제: 간소화라는 것은 단순히 스텝별로 이어지는 과정을 자연스럽게 다듬는 것 이상이다. 궁극적인 목표는 도메인과 상관없이 연동되는 앱이다. 지금은 뤼튼 웹서비스에 들어와서 텍스트를 쓰고, 누르고, 추출해야 한다. 그게 아니라 유저가 이용하는 모바일, 웹, 일반적인 워크툴 등 어디서든 쉽게 연동되는 앱을 만들고 싶다.

그런 앱이 생긴다면 텍스트를 취급하는 산업 전반의 변화가 일어나겠다.

제: 텍스트는 분야를 막론하고 가장 효과적인 의사 표현 수단이다. 영상으로 말하자면 촬영 전에 시나리오부터 써야 한다. 거의 모든 기획의 초기 단계를 이루는 글쓰기가 간소화되는 만큼, 산업과 직업군

내 큰 변화를 예상한다. 텍스트 시장이 무너질 것이라는 말은 아니다. 오히려 파이가 커질 것으로 본다. 사진과 비슷하다. 과거에 사진은 사진관에서만 찍는 것, 혹은 좋은 카메라를 갖춘 프로 촬영가들이 찍는 것이었다. 이제는 누구나 스마트폰 카메라로도 양질의 영상과 이미지 결과물을 만들어 내지 않나. 글쓰기도 그 임계점을 돌파하는 날이 올 것이다.

혹, 작가나 기자와 같이 텍스트를 다루는 직업이 사라지는 것은 시간문제 아닐지. (웃음)

이: 사라진다기보단 경제성이 높아질 것이다. 현재도 웹소설, 드라마 각본과 같이 한 창작의 과정을 단계별로 분업하는 경우가 꽤 있다. 하지만 최종 단계는 결국 사람의 손을 거친다. AI가 잘할 수 있는 특정 태스크 영역을 수행하면 그것을 잘 선택하여 배합하는 것이 미래 텍스트를 다루는 사람들의 일이 될 것이다. 또 텍스트 시장에서 명품의 영역이 생겨날 것으로 본다. 최근 포브스에서 향후 10년 내에 작성된 글의 대부분은 AI가 썼거나, AI의 도움을 받은 글일 것이라는 분석이 나왔다. 반대로 말하면 온전히 인간의 힘으로만 쓴 글이 희귀해지는 것이다. 사회적으로 언어적 표현들이 많아지는 것과, 좋은 글이 탄생하는 것은 다른 영역의 문제인 것 같다.

뤼튼 팀이 생각하는 '좋은 글'의 기준은 무엇인가?

이: 나의 의도를 잘 담은 글이다. 주술 관계를 명확히 쓰는 것, 쉬운 어휘를 쓰는 것보다 중요한 것은 내 의도를 완결하는 것이다. 수많은 언론에서 요즘 세대의 문해력을 비판한다. 그런데 반대급부로 글쓰기

관련 강좌와 그 수강생은 꾸준히 늘고 있다. 시대는 영상과 이미지를 소비하지만 글을 잘 쓰고 싶어하는 사람은 여전히 많다. 뤼튼은 작문 패러다임을 바꿔서 둘 사이의 갭을 좁히고자 한다.

　　작문 패러다임의 혁신을 통해 뤼튼이 만들고 싶은 세상은 어떤 모습인가.

이: 가치 있는 아이디어들이 세상에 더 많이 나왔으면 좋겠다. 학생들이 글을 쓰는 과정을 몇 년 동안 옆에서 지켜보며 깨달은 것은, 존재하지만 표현되지 못한 생각들이 너무 많다는 점이다. 잠재력 있는 아이디어가 휘발되지 않도록 기술적 솔루션을 제시하고 싶다.

제: 글쓰기엔 소외 계층이 분명히 존재한다. 경제적 여건이 어렵거나 교육 기회를 제공 받지 못한 사람들은 물론, 본인의 생각을 표현하지 못해 의도치 않게 손해를 보는 경우가 정말 많다. 비즈니스 목적의 글쓰기가 필요한 사람들뿐 아니라, 불공정한 상황에 처했는데 말하지도 못하고 피해를 보는 사람들에게 뤼튼이 도움이 됐으면 좋겠다. ✆

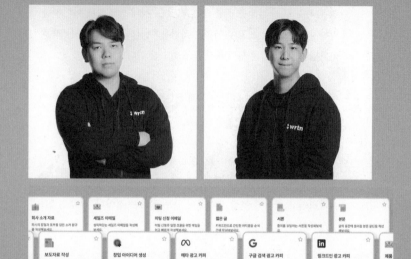

왼쪽 페이지 위부터 시계 방향으로
뤼튼테크놀로지스 이세영 대표 ⓒ사진: 뤼튼테크놀로지스
뤼튼테크놀로지스 제성원 이사 ⓒ사진: 뤼튼테크놀로지스
회의 중인 뤼튼테크놀로지스 팀 ⓒ사진: 뤼튼테크놀로지스
팀 이벤트에 당첨돼 활짝 웃고 있는 ML엔지니어 Kevin ⓒ사진: 뤼튼테크놀로지스
뤼튼테크놀로지스에 기쁜 일이 생겼거나 중요한 순간일 때마다 힘껏 치는 징 ⓒ사진: 뤼튼테크놀로지스
뤼튼테크놀로지스 웹사이트 화면. 광고 카피부터 이메일까지 50여 개의 글쓰기 툴을 제공한다. ⓒ사진: 뤼튼테크놀로지스

롱리드는 단편 소설 분량의 지식 콘텐츠예요. 깊이 있는 정보를 담아요.
내러티브가 풍성해 읽는 재미가 있어요.
세계적인 작가들의 고유한 관점과 통찰을 만나요.

친애하는 나의 커피여

알코올의 도움을 받았던 중세인들의 신비주의적인 사고는 합리주의와
그에 뒤이은 계몽주의 사고라는 새로운 정신에 자리를 내주기
시작했다. 이와 관련하여 프랑스의 역사학자인 쥘 미슐레(Jules
Michelet)는 이렇게 썼다. "정신을 맑게 해주며 두뇌의 강력한 자양분이
되는 커피는 여타의 증류주와는 다르게 순수성과 명료함을 높여 준다.
커피는 망상의 먹구름과 그것이 가진 음울한 무게감을 걷어낸다.
커피는 진실의 불빛으로 현실의 실체를 비춰준다."
_ 마이클 폴란(Michael Pollan)

©사진: Jonathan Knowles

아침에는 톨 사이즈의 모닝커피로 하루를 시작하고, 그 사이에 틈틈이 녹차를 마시며, 점심을 먹고 나서는 가끔씩 카푸치노를 마신 지 몇 년이 흘렀을까. 그러던 어느 날 나는 갑자기 카페인을 끊었다. 특별히 그 필요성을 느껴 끊었다기보다는 집필하고 있는 이야기 때문이었다. 내가 인터뷰했던 다수의 전문가는 카페인을 끊어 보지 않는 한, 보이지 않게 서서히 스며드는 카페인이 자신의 삶에서 어떤 역할을 하는지 알 수 없을 것이라고 말했다. 그 이후 다시 카페인을 섭취하게 되더라도 말이다. 기분전환 약물 분야에서 세계적인 권위를 가진 연구자이며 《정신질환의 진단 및 통계 편람(DSM-5)》에서 '카페인 금단현상(caffeine withdrawal)' 진단 항목을 책임지고 집필한 롤랜드 그리피스(Roland Griffiths)는 이렇게 말했다. 그 자신도 카페인을 끊은 다음 스스로를 대상으로 일련의 실험들을 진행하기 전까지는 카페인과 자신의 관계를 이해하지 못하고 있었다는 것이다.

　　대부분의 사람들이 카페인을 섭취하는 이유는 그저 의식의 '기저선 상태(baseline state, 평상시 유지되는 기본적인 마음 상태)'에 도달하기 위해서다. 전 세계 인구의 90퍼센트 정도가 주기적으로 카페인을 주입하고 있다. 카페인은 세계에서 가장 널리 사용되는

향정신성 약물이며, 일상에서도 흔히 탄산음료의 형태로 아이들에게
제공하는 물질이기도 하다. 카페인을 약물로 생각한다거나, 매일
섭취하더라도 그것을 중독이라고 생각하는 사람들은 거의 없다. 이러한
인식이 너무나도 만연해 있기 때문에, 카페인을 섭취하면 의식의
기저선 상태에 이르는 것이 아니라 실제로는 의식의 '변성 상태(altered
state)'가 된다는 사실을 간과하기 쉽다. 이는 우리 모두가 경험하기
때문에 그 영향이 눈에 잘 보이지 않는다.

이것은 중독이다

과학자들의 상세한 설명을 통해서 예상했던 카페인 금단 증상은 두통,
피로감, 무기력, 집중력 저하, 의욕 감퇴, 신경과민, 극심한 괴로움,
자신감 상실, 불쾌한 감정 등이다. 그러나 사소한 것처럼 보이는
'집중력 저하'라는 증상은 작품을 써야 하는 작가에게는 실존적인
위협이나 다름없다. 집중할 수 없는데 어떻게 글을 쓸 수 있겠는가?

나는 글쓰기 일정을 최대한 뒤로 미뤘지만, 결국 암흑기가
찾아왔다. 인터뷰했던 연구자들에 의하면, 금단 증상이 실제로
시작되는 건 밤 시간대라고 한다. 사람의 카페인 일주기 리듬(diurnal
effect, 신체의 생리 작용 등이 하루를 주기로 변화하는 양상)은 수면
시간 동안 '가장 낮은 지점'에 도달하기 때문이다. 하루 중 처음 마시는
한 잔의 차나 커피가 가장 위력적이며 즐거움을 주는 이유에는 카페인
특유의 도취적이며 자극적인 특성도 있겠지만, 바로 그 한 잔이
밤사이에 시작된 금단 증상을 억눌러 주기 때문이기도 하다. 이것이
바로 카페인의 교묘한 부분이다. 카페인이 인체에 작용하는 약리학적
기전은 우리의 생체리듬과 너무나도 완벽하게 맞물려 있기 때문에,
우리는 정확한 시점에 모닝커피 한 잔을 공급해야만 전날 마신 커피가

유발하는 정신적 고통을 막아낼 수 있다. 우리의 일상에서 카페인은 바로 그 카페인이 만들어 낸 문제에 대한 최적의 해결책을 자처하고 있다.

나는 커피숍에서 일상적으로 마시던 ½디카페인(half caff) 커피 대신에 민트 차 한 잔을 주문했다. 아침에 카페인을 마시면 의식의 내부에 잔뜩 끼어 있던 멘탈 포그(mental fog, 마음에 안개가 낀 것처럼 의식이 흐릿해지는 현상)가 말끔하게 걷히곤 했지만, 이날 아침에는 그렇지 않았다. 내 마음에 내려앉은 그 안개는 이후에도 사라지지 않았다. 그렇다고 해서 끔찍한 기분이 드는 건 아니었다. 심각한 두통이 찾아오지도 않았다. 하지만 나 자신과 현실 사이에 마치 차단막이 내려진 것처럼 하루 종일 약간 몽롱한 상태가 지속됐다. 그것은 일종의 필터가 되어 특정한 파장의 빛과 소리를 흡수했다.

나는 어떤 일을 할 수는 있었지만, 주의가 산만했다. 당시의 노트에는 이렇게 적혀 있다. "마치 뭉툭한 연필이 된 느낌이다. 주변의 상황들이 나를 방해하는데, 그것을 무시하기가 어렵다. 1분 이상 집중할 수 없다."

이후 며칠 동안 조금씩 기분이 좋아지며 차단막이 올라가기 시작했지만, 여전히 온전한 나 자신이 아니었고, 세상도 아직은 온전한 상태가 아니었다. 이러한 새로운 일상(new normal) 속에서 나는 세상이 약간 무감각하게 느껴졌다. 나 자신도 약간 무감각하게 느껴졌다. 최악의 시간대는 아침이었다. 나는 자는 동안 의식이 흐릿해졌다가 다시 정신을 차리는 일상적인 활동에서 카페인이 얼마나 필수적이었는지를 깨달았다. 그렇게 다시 제정신을 차리는 시간이 예전보다 훨씬 더 길어졌지만, 완전히 온전하게 느껴지지는 않았다.

인류가 카페인과 처음 조우한 건 놀랍게도 비교적 최근의 일이다.
그렇지만 이 분자가 세상을 다시 만들었다고 해도 과언이 아니다.
커피와 차는 인간의 정신이라는 근본적인 수준에서부터 변화를
일으켰다. 사람의 기분에 변화를 유도했다. 알코올에 의해 흐려진
정신을 날카롭게 가다듬어 주고, 자연의 섭리에 의해 움직이는 신체와
태양으로부터 사람들을 해방시켜 주면서 완전히 새로운 유형의 활동을,
그리고 단언컨대 완전히 새로운 유형의 사고를 가능하게 해줬다.

    15세기 무렵에는 커피가 아프리카 동부에서 재배되고 아라비아
반도 전역에서 거래됐다. 초기에는 이 새로운 음료가 집중력 보조제로
여겨졌고, 예멘에서는 수피(Sufi)교 사람들이 종교 의식을 진행하면서
졸음을 떨쳐내기 위해 사용했다. 차(茶) 역시 불교의 승려들이 오랜
시간 명상을 하면서 깨어 있는 상태를 유지하는 데 약간의 도움을
얻기 위해 마시기 시작했다. 하지만 불과 한 세기 만에 아랍 전역의
여러 도시에서 커피하우스(coffeehouse)들이 우후죽순으로 생겨났다.
1570년에는 콘스탄티노플(현 이스탄불) 한 곳에만 600여 개의
커피하우스가 있었으며, 오스만 제국의 북쪽과 서쪽으로 널리 퍼져
있었다.

    이 시기의 이슬람 세계는 과학이나 기술, 교육 등의 많은
측면에서 유럽보다 더욱 발전돼 있었다. 이러한 정신적 풍요로움이
커피의 유행과 (그리고 알코올의 금지와) 관련이 있는지 그
여부를 입증하기는 쉽지 않다. 그러나 독일의 역사학자인 볼프강
쉬벨부시(Wolfgang Schivelbusch)는 이 음료가 "알코올 섭취를 금하고
근대 수학을 탄생시킨 문화권을 위해 맞춤형으로 만들어진 것처럼
보인다"고 말했다.

1629년에는 아랍과 터키의 스타일을 모방한 유럽 최초의 커피하우스가 이탈리아의 베니스에서 모습을 보였고, 1650년에는 유대계 이주민이 옥스퍼드에서 영국 최초의 커피하우스를 열었다. 커피하우스 문화는 머지않아 런던에까지 이르러서 급증하기 시작했다. 수십 년 후 런던에는 수천 개의 커피하우스가 존재했는데, 그러한 유행이 정점에 달했을 때에는 런던 시민 200명당 하나의 커피하우스가 있을 정도였다.

영국의 커피하우스를 새로운 유형의 공공장소라고 부르는 것만으로는 그 실체를 제대로 설명할 수 없다. 커피를 마시기 위해 1페니를 지불하긴 했지만, 신문이나 책, 잡지, 대화 등의 형태로 전달되는 정보는 무료였다. 그래서 영국에서는 커피하우스를 '페니 대학교(penny university)'라고 부르는 경우도 흔했다. 프랑스의 막시밀리앙 미송(Maximilien Misson)이라는 작가는 런던의 커피하우스들을 방문한 이후에 이렇게 썼다. "그곳에 가면 온갖 종류의 소식을 접할 수 있다. 난방도 잘 되고, 원하는 만큼 오랫동안 앉아 있어도 된다. 이곳에서는 커피 한 잔을 마실 수 있다. 지인들을 만나서 업무를 처리할 수 있다. 이 모든 것이 단돈 1페니에 가능하다. 혹시라도 더 많은 비용이 들까 봐 걱정하지 않아도 된다."

런던의 커피하우스들은 손님들의 직업이나 지적인 관심사에 따라서 서로 구분됐는데, 이러한 특성이 결국엔 제도적인 형태로 발전하기도 했다. 예를 들어서 해상 운송에 관심이 있는 상인들과 남성들은 로이즈 커피하우스(Lloyd's Coffee House)로 모여들었다. 이곳에서는 어떤 선박이 도착하고 출발하는지 파악할 수 있었고, 자신의 화물에 대한 보험 증서를 구입할 수 있었다. 로이즈 커피하우스는 결국 런던 로이즈(Lloyd's of London)라는 보험 중개 회사로 발전했다. 지식인들과 당시 '자연철학자(natural philosopher)'로 불렸던 과학자들은 그리션(Grecian)에 모여들었는데, 이들은 왕립학회(Royal Society)와 긴밀한 관계를 맺고 있었다. 아이작 뉴턴(Isaac Newton)과 에드먼드 핼리(Edmond Halley)가 이곳에서 물리학과 수학에 대하여 토론을 벌였으며, 언젠가는 이곳에서 돌고래를 해부했다는 이야기도 전해진다.

런던의 커피하우스에서 오가는 대화가 정치적으로 발전하는 경우도 빈번했는데, 특히 1660년 왕정복고 후에는 커피하우스에서 활발하게 이뤄지는 자유로운 발언들이 정부의 분노를 불러일으키기도 했다. 커피하우스에서 모의가 싹트는 것을 우려했던 찰스 2세는 이런 곳들이 반란을 선동하는 위험한 장소이기 때문에 탄압해야 한다는 결정을 내렸다. 1675년에 국왕은 그런 곳에서 흘러나오는 "거짓되고 악의적이며 선정적인 이야기들"이 "왕국의 고요와 평화에 대한 장애물"이라는 근거로 커피하우스 폐쇄 조치를 단행했다. 사람의 의식적인 성질을 변화시키는 다른 수많은 물질들과 마찬가지로, 카페인은 제도 권력에 대한 위협으로 간주됐다. 그래서 왕권은 카페인 탄압을 단행했는데, 이는 먼 훗날에 전개될 마약과의 전쟁을 예고하는 것이었다고 할 수 있다.

그러나 국왕이 커피를 상대로 벌인 전쟁은 겨우 11일 만에 끝났다. 찰스 2세는 카페인의 조류를 되돌리기에는 이미 너무 늦었음을 깨달았다. 당시의 커피하우스는 영국의 문화이자 일상의 일부였고, 런던의 수많은 저명한 인사가 카페인에 중독되어 있었다. 사람들은 왕의 명령을 무시하고는 태평하게 커피를 마시러 갔다. 자신의 권위가 땅에 떨어졌다는 사실이 들통나는 걸 두려워했던 국왕은 조용히 물러났다. 그리고 "군주의 배려와 왕실의 연민을 발휘하여" 애초의 명령을 철회한다는 성명을 발표했다.

17세기의 프랑스와 영국의 커피하우스들에서 들끓어 올랐던 이러한 종류의 정치적, 문화적, 지적 소요가 술집에서도 전개됐을 거라고 상상하기는 쉽지 않다. 알코올의 도움을 받았던 중세인들의 신비주의적인 사고는 합리주의와 그에 뒤이은 계몽주의 사고라는 새로운 정신에 자리를 내주기 시작했다. 이와 관련하여 프랑스의 역사학자인 쥘 미슐레(Jules Michelet)는 이렇게 썼다. "정신을 맑게 해주며 두뇌의 강력한 자양분이 되는 커피는 여타의 증류주와는 다르게 순수성과 명료함을 높여 준다. 커피는 망상의 먹구름과 그것이 가진 음울한 무게감을 걷어 낸다. 커피는 진실의 불빛으로 현실의 실체를 비춰 준다."

"현실의 실체"를 명료하게 바라보는 것. 이것이 바로 합리주의자들이 추구하는 목표였다. 현미경, 망원경, 펜과 함께 커피는 그들에게 필수 불가결한 것이 됐다.

©사진: Lordprice Collection

카페인의 힘, 산업혁명

몇 주 뒤, 금단 증상이었던 정신적 장애가 진정됐다. 나는 다시 또렷하게 생각할 수 있었으며, 머릿속에서는 어떤 생각을 2분 이상 유지할 수 있었고, 주변부적인 생각들은 관심 영역 밖으로 몰아낼 수 있었다. 그렇지만 나는 여전히 정신적으로 아주 약간 현실에 뒤처진 것처럼 느껴졌는데, 특히 일행이 커피나 차를 마시고 있을 때 더욱 그랬다. 커피와 차는 당연히 언제나 어디에나 있었다.

내가 그리워했던 것들이 있다. 나는 카페인과 그것을 마시는 의식이 하루를 정리해 주던 방식이 그리웠다. 특히 아침이면 더욱 그랬다. 커피나 차에 함유된 카페인은 정신의 조류를 움직이면서 나의 일상을 에너지의 정점으로 끌어올렸다가 바닥의 계곡으로 내려가게 만들기도 한다. 허브차는 가끔 정신 활성(psychoactive) 작용을 하는 경우가 있더라도 카페인처럼 급물살을 타게 하지는 않는다. (카페인에 의해) 아침에 몰려오는 밀물은 확실히 축복이지만, 오후에 밀려나는 썰물에도 뭔가 나른한 편안함이 있다. 그리고 차 한 잔을 마시면 그러한 흐름을 부드럽게 되돌릴 수 있다.

언제부터인가 커피와 차를 끊은 이후 시작된 정신적 방황의 감각이 어쩌면 그저 나의 기분 탓이 아닐까 하는 의문이 들기 시작했다. 그래서 나는 관련된 과학 분야를 찾아서 혹시라도 그러한 인지 기능 향상이 카페인의 영향일 수 있는지를 알아보기로 했다. 나는 카페인이 기억력, 집중력, 각성도, 경계성, 주의력, 학습 능력 등 다양한 인지 능력을 향상시킬 수 있음을 보여주는 다년간에 걸친 수많은 연구 결과들을 찾아냈다. 1930년대에 수행된 어느 실험에서는 카페인을 복용한 체스 선수들이 그렇지 않은 선수들에 비하여 현저하게 뛰어난 실력을 발휘한다는 사실을 확인했다. 또 다른 연구에 의하면, 카페인 사용자들이 비록 더욱 많은 실수를 저지르긴 했지만 다양한 사고 업무들을 더욱 빠르게 완료해 냈다. 어떤 논문에서는 그 제목만 봐도 알 수 있듯이, 카페인을 섭취한 사람들이 "더 빨랐지만 더 똑똑하지는 않았다"고 설명했다. 2014년에 진행된 어느 실험에 의하면, 새로운 정보를 학습한 직후에 카페인을 받은 대상자들이 플라시보(placebo,

가짜 약)를 받은 사람들에 비하여 그 내용을 더욱 잘 기억했다. 심리 운동 능력을 평가한 다수의 실험에서도 카페인을 복용한 사람들이 우위를 보였다. 예를 들자면 모의 운전 실험에서 카페인은 사람들의 수행 능력을 향상시켰다. 특히 대상자가 피곤할 때 그 효과는 더욱 컸다. 또한 카페인은 속도, 근력, 지구력 등의 항목에서도 신체 능력을 향상시켜 주는 것으로 나타났다.

그러나 사실 이런 유형의 연구를 제대로 수행해내기가 쉽지 않다는 점을 고려하면, 이러한 연구 결과는 적당히 가감해서 받아들여야 할 필요가 있다. 문제는 사실상 모든 사람이 카페인에 중독된 사회에서 적당한 대조군을 찾기가 어렵다는 것이다. 그럼에도 불구하고 카페인이 정신 능력과 신체 능력을 어느 정도 향상시켜 준다는 데 있어서는 대체로 합의가 이루어져 있는 것으로 보인다.

그러나 카페인이 창의력을 강화시켜 주는가의 여부는 전혀 다른 문제이며, 그렇다는 주장을 의심할 만한 이유도 여럿 존재한다. 카페인이 우리의 주의력과 집중력을 향상시켜서 직관적인 사고와 추상적인 사고를 강화시켜 주는 것은 확실하지만, 창의력이 작동하는 방식은 매우 다르다. 창의력이라는 건 어쩌면 특정한 유형의 집중력이 결핍되거나, 선형의 사고방식에 얽매인 상태에서 우리의 정신을 자유롭게 풀어줄 때 더욱 활성화되는 능력인지도 모른다.

인지심리학자들은 의식을 두 가지 유형으로 구분해 설명한다. 하나는 '스포트라이트 의식(spotlight consciousness)'이다. 이는 집중력을 발휘해야 하는 단일한 대상을 비추면서 합리적 사고에 매우 도움이 되는 의식이다. 다른 하나는 '랜턴 의식(lantern consciousness)'으로, 집중은 조금 덜 되지만 더 넓게 주의력을 발휘하는 것이다. 어린 아이들은 랜턴 의식을 드러내는 경향이 강하다. 환각 물질을 복용한 많은 사람들도 마찬가지이다. 주의력이 좀 더 확산된 이러한 형태의 의식은 딴생각이나 자유 연상, 참신한 사고 연결에 적합하다. 이는 모두 창의력을 키우는 특징이다. 반면에 인류의 발전에서 카페인이 크게 기여해 온 부분은 스포트라이트 의식을 강화하는 것이었다. 집중적이고, 직관적이고, 추상적이고, 능률적인 인지 처리 능력은 자유로운 놀이보다는 정신적인 활동과 더욱 밀접하게 연관되어 있다. 이러한 특성으로 인하여 다른 여타의 물질들보다도 카페인이 합리성과 계몽주의의 시대만이 아니라 자본주의의 부흥에 있어서도 완벽한 약물이 될 수 있었다.

카페인은 사람을 각성시켜 깨어 있는 상태로 유지해 주고, 자연의 섭리에 따라 피로해지는 걸 막아 신체의 생물학적인 리듬으로부터 해방시켰다. 이는 인공 조명의 출현과 더불어 밤이라는 변방 영역을 사람들이 일할 수 있는 시간대로 만들었다.

사무직과 지식인들에게 커피가 있었다면, 영국의 노동 계층에게 그런 역할을 해준 것은 얼마 지나지 않아 등장한 차였다. 실제로 산업혁명에 불을 지폈던 것은 동인도에서 들여온 차에 서인도에서 들여온 설탕으로 단맛을 첨가한 것이었다. 흔히 영국에는 차 문화만 있다고 생각하지만 초기에 훨씬 더 저렴하고 지배적이었던 음료는 커피였다.

그러다 영국의 동인도회사가 중국과 교역하기 시작한 직후부터 저렴한 차가 영국으로 흘러들어 오기 시작했다. 차는 1700년대에만 하더라도 부유층만이 구입할 수 있었지만, 1800년대가 되자 귀부인에서부터 공장 노동자에 이르기까지 사실상 모든 사람들이 즐기게 됐다.

이러한 수요를 충족시키려면 거대한 규모와 잔인함을 갖춘 제국주의적 기업이 필요했다. 특히 영국이 중국에서 차를 수입하는 것보다는 식민지였던 인도를 차 생산국으로 바꾸는 게 수익성

측면에서 더 낫다고 판단한 이후에는 더욱 그러했다. 이를 위해서는 우선 중국으로부터 차 생산의 비밀을 훔쳐내야만 했다. 이러한 임무를 해낸 사람은 스코틀랜드의 식물학자이자 식물탐험가였던 로버트 포춘(Robert Fortune)이었다. 이를 위해서 그는 중국인으로 변장하고 야생에서 차가 자라던 아삼(Assam) 지역의 소작농들에게서 땅을 강탈한 후, 그 농부들을 강제로 노예화하여 새벽부터 해질녘까지 찻잎을 따도록 했다. 서양으로 차가 전래된 과정은 착취라는 단어로 모든 걸 설명할 수 있다. 인도에서는 차 생산 과정에서 농부들을 착취했고, 영국에서는 노동자들로부터 잉여 가치를 뽑아내기 위하여 차가 소비됐기 때문이다.

차는 영국의 노동 계층이 장시간의 교대 근무, 참혹한 작업 환경, 거의 일상적이었던 굶주림을 견딜 수 있게 해줬다. 카페인은 굶주림으로 인한 고통을 잠재우는 데 도움을 줬고, 그 안에 든 설탕은 주요한 칼로리 공급원이 됐다. 그러나 순전히 영양학적인 관점에서 바라보자면, 당시의 노동자들은 차라리 맥주를 계속 마시는 게 더욱 도움이 됐을 것이다. 차 안의 카페인은 기계적인 규칙에 더욱 적합한 새로운 유형의 노동자를 만들어내는 데 일조했다. 차를 빼놓고는 산업혁명을 상상하기가 쉽지 않다.

©사진: AFP

그렇다면 커피는, 좀 더 일반적으로 카페인은 정확히 어떻게 해서
우리를 더욱 활기 넘치고 능률적이며 빠르게 만들어 주는 것일까?
칼로리도 없는 작은 분자에 불과한 카페인은 대체 어떻게 해서 인간의
신체에 에너지를 공급하는 것일까? 카페인이 과연 속담 속의 공짜
점심이 될 수 있을까? 아니면 각성 효과, 집중력, 활력 등 카페인이
제공하는 정신적 에너지와 신체적 에너지에 대가를 지불해야 할까?

세상에 공짜 점심이란 없다. 사실은 카페인이 우리에게 에너지를
제공하는 것처럼 보일 뿐이다. 카페인은 아데노신(adenosine)이라는
분자의 작용을 차단한다. 아데노신은 하루가 가는 동안 두뇌에 조금씩
축적되면서 우리의 신체가 휴식을 취하도록 준비한다. 카페인 분자는
이 과정에 간섭하여 아데노신이 제 할 일을 못 하도록 방해하고,
우리를 깨어 있는 것처럼 느끼게 한다. 그러나 아데노신의 수치가
꾸준히 증가하고 카페인이 신진대사에 의해 분해되고 나면, 인체의
수용체(receptor)에 아데노신이 흘러들면서 다시 피로감이 찾아온다.
그렇기 때문에 카페인이 제공하는 에너지는 사실상 빌려온 것이며,
결국엔 우리가 되갚아야 할 빚인 것이다.

사람들이 이렇게 오랫동안 커피와 차를 마셔 오는 동안, 보건
당국은 카페인의 위험성에 대해 경고해 왔다. 그러나 지금까지
카페인은 자신에게 제기되어 온 심각한 혐의들을 대부분 벗었다.
현재까지 과학적으로 합의된 내용을 보면 안심하고도 남을 만한
수준이다. 실제로 관련 연구를 살펴보면, 커피와 차는 우리의 건강에
해로운 것과는 거리가 멀고, 과도하게 섭취하지 않는 한 나름의
중요한 혜택을 제공하는 것으로 보인다. 정기적인 커피 섭취는
유방암, 전립선암, 결장암, 자궁암 등의 여러 암은 물론이고 심혈관계

질병, 제2형 당뇨, 파킨슨병, 치매의 발병률 감소와 관련이 있으며, 우울증과 자살률을 줄여 주는 것으로 보인다. 그러나 다량 섭취 시에는 신경과민과 불안감을 유발하고, 하루에 여덟 잔 이상의 커피를 마시는 사람들은 자살률이 높아질 수 있다.

커피와 차에 대한 의학 문헌들을 살피다 보니, 카페인을 절제하는 것이 오히려 정신적 기능만이 아니라 신체적 건강에도 위태로운 것이 아닐까 하는 의문이 들었다. 하지만 맷 워커(Matt Walker)와 이야기를 나눈 후에는 생각이 바뀌었다.

영국 출신으로 캘리포니아대학교 버클리(UC 버클리)의 신경 과학 교수이자 《우리는 왜 잠을 자야 할까(Why We Sleep)》라는 책의 저자인 워커에게는 필생의 사명이 하나 있다. 그것은 바로 보이지 않는 공중 보건의 위기에 대해 전 세계에 경각심을 울리는 것인데, 그 위기란 우리가 잠을 너무 적게 자고 있으며 그렇게 자는 수면의 질조차도 형편없다는 것이다. 그리고 우리의 신체와 정신을 상대로 저지르는 이러한 범죄의 유력한 범인은 바로 카페인이다. 카페인 그 자체만으로는 우리에게 해롭지 않을지도 모르지만, 그것이 우리에게서 빼앗아 가는 잠에는 그만한 대가가 따를 수도 있다. 워커 교수에 의하면 수면 부족이 알츠하이머병, 동맥경화증, 뇌졸중, 심부전, 우울증, 불안감, 자살, 비만을 일으키는 주요한 요인일 수도 있음을 보여주는 연구가 있다고 한다. 그의 결론은 단호하다. "잠이 줄어들수록 수명도 줄어듭니다."

워커는 아침이건 낮이건 밤이건 엄청난 양의 홍차를 마시는 영국에서 자랐다. 하지만 그는 이제 가끔 마시는 디카페인 음료에 조금씩 포함돼 있는 것을 제외하고는 더 이상 카페인을 섭취하지 않는다. 실제로 내가 이번 글을 쓰기 위해 인터뷰했던 수면 연구자나 생체 리듬 전문가들 중에서 카페인을 섭취하는 사람들은 아무도 없었다.

워커의 설명은 이렇다. 대부분의 사람들에게 있어서 카페인의 '사반감기(quarter life, 처음의 양에서 $\frac{1}{4}$로 줄어드는 시간)'는 일반적으로 약 12시간인데, 이는 만약 정오에 한 잔의 커피를 마시면 자정에 잠자리에 들 때도 뇌 속에는 낮에 마셨던 카페인의 25퍼센트가 돌아다니고 있다는 의미이다. 이 정도면 숙면을 완전히 망가뜨리기에 충분한 양이다.

워커를 만나기 전까지만 하더라도 나는 상당히 잠을 잘 자는 사람이라고 생각했다. 점심 식사 자리에서 그는 나의 수면 습관에 대해 물었다. 나는 일반적으로 내가 일곱 시간 동안 연속해서 잠을 자고, 쉽게 잠이 들며, 거의 매일 밤 꿈을 꾼다고 말했다.

그가 이렇게 물었다. "하룻밤에 몇 번이나 잠에서 깨나요?" 나는 하룻밤에 서너 번 잠에서 깨는데(대개는 소변을 보기 위해서다), 그럴 때도 거의 언제나 곧바로 다시 잠들곤 한다고 답했다.

그가 심각한 표정으로 고개를 끄덕였다. "그렇게 잠이 중단된다는 건 전혀 좋은 게 아닙니다. 수면 시간만큼이나 수면의 질도 중요합니다." 그렇게 중간에 잠을 깨면 렘(REM) 수면보다 더 깊이 잠드는 상태인 '숙면(deep sleep)'이나 '서파수면(slow wave sleep)'에 빠져드는 시간이 줄어든다. 나는 늘 렘 수면을 질 좋은 잠자리의 척도라고 생각했다. 그러나 우리의 건강에 있어서는 렘 수면만큼이나 숙면도 중요한데, 숙면 시간은 나이가 들면서 점차 감소하는 경향이 있다.

수면 위기를 초래하는 유일한 원인이 카페인은 아니다. 각종 스크린, (렘 수면을 방해하는) 알코올, 의약품, 업무 스케줄, 소음과 빛 공해, 불안감 등이 수면의 지속성과 품질 모두를 떨어뜨리는 데에 나름의 역할을 한다. 그러나 카페인에는 독특하게 음흉한 측면이 존재한다. 카페인은 수면 부족을 일으키는 주요한 원인이지만, 동시에 그 문제를 해결하기 위해 의존하는 주요한 도구이기도 하다. 오늘날 우리가 섭취하는 카페인의 대부분은 바로 그 카페인이 유발한 질 나쁜 수면을 보완하기 위한 것이다. 이는 카페인이 일으키는 문제점을 우리가 의식하지 못하도록 카페인이 도와주고 있다는 의미다.

©사진: Stockimo

결국, 커피

나의 카페인 중단 실험을 마무리할 시간이 다가왔다. 나는 세 달 동안 카페인 청정 상태로 지내온 나의 신체가 에스프레소 몇 잔에 노출되면 어떤 일을 겪을지 무척이나 궁금했다. 나는 어떤 종류의 커피를 어디에서 마실 것인지에 대해서 오랫동안 심사숙고했다. 나는 동네의 커피숍에서 '스페셜' 커피를 마시기로 했다. 이곳에서는 에스프레소 더블 샷에 일반적인 카푸치노보다 스팀 우유를 적게 넣은 음료를 스페셜 커피라고 불렀다. 흔히들 플랫 화이트(flat white)라고 부르는 커피이다.

내가 주문한 스페셜 커피는 믿을 수 없을 정도로 훌륭했다. 이전에 마시던 디카페인 커피가 얼마나 형편없었는지 새삼 깨달을

정도였다. 여기에는 내가 그동안 완전히 잊고 있었던 다양한 차원과
깊이의 풍미가 있었다. 시야에 들어온 모든 것들이 기분 좋은
이탤릭체로 쓰인 것처럼, 영화처럼 보였다. 그리고 나는 슬리브로
감싼 종이컵을 들고 있는 이곳의 모든 사람이 스스로가 얼마나 강력한
약물을 마시고 있는지에 대해서 조금이라도 의식하고 있는지 궁금했다.
하지만 그들이 어떻게 알겠는가?

사람들은 이미 오래전에 카페인에 길들여졌고, 이제는
그것을 완전히 다른 용도로 사용하고 있다. 다시 말해서 기저선
상태를 유지하기 위한 것인데, 거기에 더해서 반갑게도 기분까지
약간 고무된다. 나는 이처럼 더욱 강력한 경험을 할 수 있었던 것이
다행이라고 생각했다. 이 경험은 양질의 수면을 제공해 줬던 것은
물론이고, 카페인 중단이라는 투자를 했던 나에게 주어지는 놀라운
배당금이었다.

그러나 불과 며칠 만에 나는 다른 사람들처럼 카페인 내성이
생겨서 또 다시 중독되고 말았다. 나는 이런 의문이 들었다. 이 약물의
힘을 보존할 수 있는 다른 방법이 있지 않을까? 혹시 내가 카페인과의
새로운 관계를 고안해낼 수 있지는 않을까? 카페인을 일종의 환각성
약물처럼 대할 수도 있을 것이다. 예를 들어서 아주 가끔씩, 더욱
엄격한 기준과 의도를 정해놓고 복용하는 것이다. 커피는 토요일에 딱
한 잔만 마시기로 하는 것처럼 말이다.

집에 돌아온 나는 여느 때와는 다른 열정을 갖고 내 몸에서
솟구쳐 오르는 집중력의 에너지를 활용해 처리해야 하는 일들에
도전하기 시작했다. 그 에너지를 좋은 용도에 투입한 것이다. 나는
컴퓨터와 옷장과 정원과 창고를 강박적으로 청소하고 정돈했다.
정원에서 갈퀴질을 했고, 잡초를 뽑았으며, 모든 것을 정리했다. 무엇에
홀리기라도 한 것 같았다. 일단 무언가에 집중하면, 오직 그곳에만

열성적으로 전념했다.

정오 무렵이 되자, 그런 강박증이 서서히 가라앉기 시작했다. 그러자 분위기 전환을 할 때가 되었다는 생각이 들었다. 그 전에 나는 텃밭에서 제 역할을 다하지 못하고 있었던 채소들을 뽑아냈다. 그래서 그 자리에 대신 심을 채소를 사러 원예 센터에 들르기로 했다. 운전을 해서 가는 동안 내가 하필 그 원예 센터로 향하고 있는 진짜 이유를 깨달았다. 그곳의 입구에 정말 맛있는 에스프레소를 판매하는 커피 차가 있었기 때문이다. ☎

시끌북적 사무실

(1)이연대 CEO : 북저널리즘이 가게를 엽니다.

(2)정원진 에디터 : 저의 놀라운 코(어)힘! 보러 오세요.

(3)신아람 디렉터 : Scourgify!

(4)이현구 선임 에디터 : 삐약-녹음 스튜디오는 저쪽에 만들어야겠어요.

(5)이다혜 에디터 : 이번 호의 주제는 스위치! 모두모두 일과 삶의 스위치가 생기길 바라며~

(6)홍성주 커뮤니티 매니저 : 얏호 우리의 공간이 생겨 행복해요!

(7)김지연 리드 디자이너 : 이번 달은 많은 것에 스위치를 달았어요. 바빴답니다.

(8)권순문 디자이너 : 인스타그램에 자랑해야지~!

(9)김혜림 에디터 : 11월에는 포근한 라이브 음악을 많이 들으려고요!

(10)조영난 오퍼레이팅 매니저 : 고릉고릉~ 이벤트! bkjn shop 인스타를 팔로우해 주세요!

(11)이주연 인턴 : 11월도 기대돼요~ 이제 캐롤 들어야 되는 날씨!